知的生きかた文庫

奇蹟は自分で起こす

鈴木秀子

三笠書房

［はじめに］
奇蹟はあなたが起こしている

すべての人にとって、生きる唯一の目的であり願いとは、「幸福であること」といわれています。私たちは「幸福」とは、

○まわりが自分の思うとおりに整い、

○人々が自分の思うとおりに動いてくれ、

○日常生活で起こることすべてが自分の思いどおりにはかどること、

などと考えがちです。

しかし、現実の私たちの人生も日常も、実際は問題だらけです。思いがけず降り注いでくる大きな火の粉もあれば、自分のふがいなさが引き起こす小さなものもあり、何かあるごとに自信を失い、自分で自分を貶《おとし》めることもよくあることでしょう。つまり、私たちが願う幸福と現実は相容れない場合が多いのです。

では、どうしたら私たちの生きる唯一の目的である「幸福」を手に入れることができるのでしょうか？

すべての出来事は、一つひとつ必要があってあなたに益するために起こってくると言われます。あなたに乗り越える力があるからこそ、起こってくるのであり、それを乗り越えることがあなたのこの世の課題なのです。

私たちは今ある現実を変えることはできません。それは今、あなたが望むものではないかもしれません。しかし、大宇宙はあなたの味方です。あなたにとって必要な課題を乗り越えるように、大宇宙はいつでもあなたに力を与えています。あなたが自分を信じ、自分の中に、泉のように湧き起こる力に触れるとき、自分を一ミリずつ変えることができます。一つひとつの体験からあなたは自分の中に秘められた力を確信し、新しい自分に成長します。これこそ〝奇蹟〟です。

この本はあなたの中に素晴らしい奇蹟が起こることを願ってまとめられました。人生という荒波を泳ぎ切るために、あなたの心・身体・頭・気をどう使うか、どう考え行動したら良いかということを示唆してくれるでしょう。

そしてあなたはどんな状況であれ小さな奇蹟を体験し、生きる充足感を感じながら、幸せに満ちた日々を送ることができるはずです。

この一冊が、人生のいろいろな局面で「絶望しなくていい、これも何かのメッセージだ」と気づく呼び水になってくれることを願っております。

鈴木秀子

LESSON 1

すべての人がひび割れ水瓶《みずがめ》

人間は、全部完全などという人はいません。どの人もひび割れをもっています。そのひび割れをどう見るか、どのように役立てるか、それが生きるということの意味です。

✣ 私はダメ、役立たずです

インドに一人の水汲《く》みの男がいました。男の仕事は、二つの大きな水瓶に一本の竿《さお》を渡して肩に担ぎ、川からご主人様の館まで水を運ぶことでした。遠い遠い道のりでしたが、男は毎朝、丘の上の館から川まで下り、左側と右側の水瓶に水を入れて運びました。

ある日のこと、いつものように長い時間をかけて水を運び、ようやくご主人様の館に着くというときになって、左側の水瓶の水が半分に減っていることに気づきました。よく見ると、その水瓶にはひび割れができており、そこから水が漏れていました。

次の日も、その次の日も、どんなに慎重に運んでも、左の水瓶からは、ぽたぽたと水が滴《したた》り落ちていくのでいつも半分になってしまうのでした。そのとき、右側はいつも満杯でした。

そういう日が毎日続いたときに、そのひびの入った水瓶はついにたまらなくなって水汲み男の前に頭を下げて言いました。

「あなたは毎日一生懸命に働いて、丘を登って水を運んで行く。けれども私の脇腹にひびが入っているために、あなたがこんなに苦労して運んでいるのに水は半分になってしまう。あなたにこれ以上のご迷惑をおかけするくらいなら、自分なんて壊れて砕けてしまったほうがいいくらいのものだ」

と嘆きました。

すると男は、

「いいんだよ、そんなことは心配しないで、君がいなければ、水は半分も汲《く》めないのだから」

と言って、そのまま水汲みを続けました。

それから二年が経《た》ちました。男はやはり、息せききって毎日水汲みをしています。右側がいつも水で満杯の水瓶は得意気です。けれども、左側のひびの入った水瓶は、またまたいたたまれなくなってきました。水汲み男がいくら苦労しても、自分のせいで半分しか報われない、本当に申し訳ないという気持ちにかられ、耐えられなくなって頭を下げて水汲み男に再び言いました。

「このひび割れた、なりそこないの私のせいで、あなたの努力が報われない。あなたは、一生懸命働いているのに本当に申し訳ない。自分はなんて役立たずなんだ」

それを聞くと、男はいつものようにリズムを取りながら、二つの水瓶を担いで丘の高いところまで行き、毎日通う道を見下ろしながらひびの入った水瓶に言いました。

「見てごらん、どっちに花が咲いているかね」

ひびの入った水瓶は「自分が通ったほうです」と答えました。

男は、言いました。

「そうだね、君が通って来た道に花が咲いているね」

男は、それからも毎日、水を汲み続けました。しばらくすると、再びこのひび割れた水瓶はがっくり落ち込んでしまいました。

「私はダメです。自分なんて何の役にも立ちません。新しい水瓶と取り替えてもらったほうがきっといい」

そう、男に訴えました。男は黙ってまた丘の上にその水瓶を下ろして、このひびの入った水瓶に言いました。

「下の道をよく見てごらん。花はどこに咲いているかね」

「左側にだけ、咲いています」

「そうだ。君が通ってきた側にだけ花が咲いている。この花は君が育てたのだよ」

でも、水瓶には男の言葉の意味がよくわかりませんでした。


しばらくまたそういう日が続いて、またまたこの水瓶は落ち込みました。

いくら男に慰められても、ひびの入った水瓶は、隣りにいる傷一つなく完全に見える水瓶と自分を比べながら、毎日のように「自分なんて……自分なんて……自分なんて……」と言い続けていました。そして、水汲み男にもう一度言いました。

「自分なんてダメです」

男は言いました。

「私は、君のひび割れに気づいてもあえて替えなかった。なぜなら、その個性を生かそう、役立てようと考えたからだ。ここは雨の降らない土地だから、花を育てるには骨が折れる。だが君なら、川から館までの道をちょうど良い具合にしめらすことができる。君と毎日水汲みに行けば、この道を花でいっぱいにできるだろう、きっとご主人様も喜ぶに違いない、そう考えたのだ。それで道に花の種をまいた。君は知らないうちに、その種に毎日毎日水を与えていたんだよ。君がいたから、あんなに見事な花が咲いたのだ。おかげで私はこの二年間、ご主人様に水だけでなく、きれいな花まで毎日届けることができた。もちろん、ご主人様はとても喜んで過ごされた。これこそ君のひび割れなしには、成し得なかったことだ」

✣ ひび割れがあったからこそ

改めてこのひびの入った水瓶は、自分がいつもいつも辿っていた、丘の小道の左側に、ずーっと咲いている花を見ました。その美しさに生まれて初めて目が覚めた思いでした。

突然、こんなに美しいものが世の中にあるのかと感動が湧き上がり、それに自分が少しでも貢献しているという喜びが、胸一杯に溢れてきました。長い間「自分はダメだ」と思い続けていたことが、いかに馬鹿げたことであったか初めてわかりました。そして、こんな見事な花を咲かせることができたひび割れのある自分、そんな自分をいとおしく感じました。

黙って二人の話を聞いていた右側の水瓶が言いました。

「私は君のように水を撒《ま》くことはできない。だから花を咲かせることもできない。なんて君は素晴らしいんだ。満杯の水を運ぶことができる私こそ完全だと思っていたけれども、私は花を咲かせることができないというひび割れをもっているんだ」と言いました。

このお話の最後は、こう結ばれています。

私たちは、それぞれ自分だけのひび割れをもっています。私たちは、皆、ひび入り水瓶なのです。

すべて完璧な人などいません。どの人もひび割れをもっています。そのひび割れをどう見るか、どのように役立てるか、それが生きるということの意味です。

神の摂理のもとに必要でないものは何もないのです。

私たちが生きていく上で、いつも完全に幸せという日が永久に続くことなどあり得ません。

天気と同じように雨もあり、曇りの日もあって、悪い日もあれば良い日もあります。また、予期せぬいろいろなことが起こります。生きているということは、いろんな課題があって、それをどのように見て生きていくか、そしてそれをどのように解決していくか、すべてこの一点に行きつくようです。

LESSON 2

その質問はキャンセル、キャンセル

自分を不幸だと思ったら、惨《みじ》めだと思ったら、当たり前のことに感謝してみてください。少なくとも感謝できることを十個探してください。私たちは自分で自分を不幸にすることもできれば、幸せにすることもできます。

✣一つの命で生かされている

私たちは大宇宙の中で生かされています。大宇宙は一つの命です。しかし地上ではみんなバラバラでそれぞれ生きているような気がしています。

この世界にはいろいろなものがあり、比べる世界です。お互いに嫉妬心を持ったり、比較したり、自分はダメだと思ったりします。

あれができなければ、これができなければと言ったり、あるいはこれさえあれば、あれさえなければ、自分は幸せになれると思いがちです。子どもがもっと良くなってくれれば、子どもが良い学校に入ってくれれば、旦那の地位が上がれば、あるいは自分の病気が治れば幸せになれる、というように、こうなりさえすれば幸せになれると言って求めているのが、条件の世界、見える世界なのです。

しかし人間は、この世界だけで生きていると息が詰まってしまいます。

花にたとえれば、土に根が張っていない切り花ですから、枯れていくしかないのです。

草花が切り花ではなく、土に根を張っているときは、大地から命をもらいます。花と茎がずっと繋がって下の大きな根に繋がっています。

私たちは大宇宙の中で、一つの神の命によって命を与えられています。命をつくり出せる人はこの世にいません。みんな命を与えられ生かされているのです。

この世界は神の命に繋がる尊い世界です。私たちの存在そのもの、仏教でいう仏《ぶっ》性《しょう》というものでしょうか、そういう尊いハイヤーセルフというものかもしれません。それが人間の尊い命の源であり、その命の源は愛です。

あなたが素晴らしく良い人間であるとき、また心からの優しい気持ちで他の人の喜びのために尽くしたいというときは、この深い愛の世界に入っているときなのです。ここがそういう力を与えてくれる源泉です。その力を日常生活を通して発揮していくこと、それが生きる意味に繋がっていきます。

辛《つら》く苦しい体験をした後には、この愛の世界に深く入って、その力を汲み出すことができます。ですから苦しみを受け入れた人は他の人の痛みをも感じることができると言われます。

私たちは苦しみを通り越えて、より大きな広い愛に向かって自分を鍛えていくのです。それが生きる意味であり、人生の修行なのです。

そのときに気をつけることがあります。それは自分がダメにならず、自分自身とも分裂せずに生きていくことです。

いつも自分自身を叱りつけ、自分に言い訳をしたりしていると、自分自身が分裂していきます。喧嘩をしたり、誰かが言った悪口のことを思い出したり、ひどい不快感を感じているときというのは、だいたい自分が分裂しているのです。

✣愛と調和の一体感を感じるとき

ところが、家族と一緒にいるとき、別においしいものを食べたのでもない、飛び上がるほどうれしいことがあったわけでもない、舞い上がるほどのことが起こったわけでもないのに、ふとしたときに家族が一致して一緒にいるって幸せだなあと、何気なく思うことはないでしょうか。そういうときは、何がなくても一体感を感じるでしょうし、何より平和ではないでしょうか。

そういうのが本当の意味の一致と平和なのです。そしてそこには調和があります。そういう時間をたくさん持てれば人間は幸せになっていきます。

いつもそういう状態でいることは難しいかもしれません。しかし、そういう時間をたくさん作り出す訓練をしていくこと。それが自分の中に愛を広げ、まわりにも及ぼすことになります。

ではどうすればそうできるようになるのでしょうか。

私たちは自分の不幸も自分が作り出しています。私の人生には本当に嫌なことがよく起こります……という方、それは自分の力の及ばないところで起こると感じるかもしれません。でもそれは自分が何かを学ぶために、自分で自然に引き寄せていると言われます。

中には悲惨としか思えないようなことだってありますが、それにも必ず意味があるということです。とはいえ、辛いときにどのようにしたら、それを幸せの源にしていくことができるでしょうか。

実はそれは簡単なことなのです。

辛く苦しいできごとに見舞われたとき、あなたはどうしていますか？

自分自身に何か問いかけてはいないでしょうか？

自分に向かって何か言っていないでしょうか？

たとえば、あなたが突然不治の病であると宣告されたとします。宣告されただけでなくて、子どもまで事故に遭い、ひどい怪我《けが》をしてしまいます。「泣きっ面に蜂」ということわざのように、次々と嫌なことが起きる、そんなとき、あなたはなんと言うでしょうか？　ちょっと頭の中で考えてください。

そういうとき、だいたい「質問」を発しています。その「質問」をつかまえることができれば、あなたの人生は変わっていきます。

実際、どんな質問をしているかというと、「どうして私にこんなひどいことが起こるのだろう」「何も悪いことをしていないのに、なんでこんなひどいことが……」「なんであの人は私にこんな意地悪をするのか」「悪いのはあの人だ。あの人は順調に暮らしているのに、どうして自分にだけこんなことが起こるんだろう」などと自分に向かって質問していないでしょうか。

その質問をつかまえてください。そうしてその質問を「キャンセル、キャンセル」と言って、頭の中で消してしまいます。

人間ですからそう感じるのは当たり前ですが、自身に起こった不幸なことにこだわらないことです。こだわり続けていると、どんどん不幸になっていきます。

しかし、不幸も悪くないかもしれません。「かわいそうに、かわいそうに」と周囲の人たちが一時は慰めてくれるからです。

ご主人がうちに帰ってこなくなると、必ず病気になる人がいます。するとご主人が心配して帰ってくるわけです。でも長続きはしません。

病気になれば引き留められるし、優しい言葉をかけてくれる……病気になると得することがあるということから、これを疾病利得と言います。でもこんなことをし続けていたら、狼少年と同じで、本当の幸福に繋がりません。

✣どんな意味があるのだろう

「質問」をつかまえて、「キャンセル、キャンセル」と言ったら、すぐ次のような言葉に置き換えます。「このことにはどんな意味があるだろうか」と。

どんなことにも意味は必ずあるのです。そして「これを通して自分は何を学んでいくのか」と言ってみるのです。自分を被害者にし始めたら、気持ちを切りかえ、しっかり両足で立ってみます。被害者になると〝自分〟が小さくなり、惨めになっていきます。そして不幸になります。

ですからどんなときもまずは自分がしっかりした主体性を持つことです。小鳥でさえ、ちゃんと生きていけるのに、この私が生きて行かれないはずはないと、自分に自信を持つのです。そして「これにはどんな意味があるのだろう。今はわからないけれども、意味が見えてくるまで楽しみに待ちましょう。これを乗り越えて、自分はどんなことを学んでいくためにこのチャンスが与えられたのだろう」ということを、いつも自分に言ってください。

病気だったら辛く痛いです。この痛みを治してくださいと、もちろん祈ってもいいでしょう。

でも神様はなんてひどいのだろうとか、あの人はなんてひどい人だ、どうして自分にこんなことをするんだろうと人のせいにして、自分の力を失わないでください。

誰かを自分より強くしてしまって、人が自分に害を与えているという立場に自分を追いこまないでください。どんなに辛い、苦しいことでも、あなたにはこれから学んでいける力があるのです。

自分を不幸だと思ったら、惨めだと思ったら、辛くてたまらなくなったなら、当たり前のことにいっぱい感謝してみましょう。

少なくとも十個、感謝することを探してください。私たちは自分で自分を不幸にすることもできれば、自分で自分を幸せにすることだってできます。

不幸と幸せはどんなに強力な伝染病より、もっと強く伝染します。不幸という病はあなたがいるだけでまわりを感染させていきます。それと同じように幸福もまた非常に強い伝染力があります。

LESSON 3

苦しみは、あなたの幸せと成長のため

苦しみは意味があって起こってきます。あなたの幸せと成長を促すために、あなたが自分で引き寄せています。だからそれを無駄にしないでください。生かしてください。

✣物ごとは、自然にスムーズに計らわれている

幸せになるために私たちができることは、まず否定的な考えを流して、それにこだわらないことです。否定的な考えが浮かんだことに気づいたら、今、自分を取り巻いている現実はどういうものかに目を向けます。その現実をより良いものにするにはどうしたら良いかに気を集中します。

訓練ができるまでは、深い呼吸をくり返しましょう。しばらくすると自然に安らいだ和やかな気持ちになってきます。

そして、自分の中の深い穏やかで静かなところに入って、自分を生かし続ける命の源にコンタクトします。この命の源は人間を超える大いなる存在、仏教では仏性《ぶっしょう》と言いますが、神に繋がる場でもあります。永遠に滅びることのない魂の神に繋がる場でもあります。

大宇宙の波動に繋がると、波に乗るように良いことが起こってきます。それは突拍

子もなく良いことではないかもしれませんが、物ごとが自然にスムーズに計らわれるようになっていきます。自分であしたほうがいい　こうしたほうがいいと計画しなくても、ちゃんと物ごとが計らわれるようになっていきます。

自分の計らいには、よく否定的な考えが入ってきますが、それを捨てて深いところにコンタクトします。そして大宇宙の波動におまかせしながら、いちばんよく計らわれていくことを確信して、自分の穏やかな深い静かな気持ちを味わい続けてみてください。次第に大きな幸せが広がっていきます。

今までは絶望して世の中真っ暗という生き方をしていた人でも、苦しい状況は変わらなくても、だんだん自分の気持ちを変えることで、まったく違う生き方ができるようになっていきます。

奇蹟は毎日毎日、本当に起こっているということをしみじみ感じます。病気が突然治るのも、癌が突然消えるのも、奇蹟かもしれませんが、これはそれ以上の奇蹟だと私はいつも思っているのです。

どんなに辛くても、どんなに大変なことがあっても、それは不幸ではありません。否定的に考え続ければ不幸になりますが、障害があったり、病気があったり、苦しみがあったりすれば、それを乗り越えたとき、なおさら幸せになれるのです。なぜなら辛いこと嫌なことは、あなたがもっと幸せになれますよ、というサインだということを覚えておいてください。

✣ 小さなことで人の役に立つ

苦しみは意味があって起こってきます。あなたの幸せと成長を促すために、あなたが自分で引き寄せているのです。だからそれを無駄にしないでください。

苦しいときは、三つのことを心にとめておいてください。

一つは苦しみには必ず意味があるということ、二つ目は苦しみを乗り越える大きな力があなたの中に与えられているということ。そして三つ目は、この苦しみの最中《さなか》にあっても大宇宙はあなたの味方であり、あなたにはたくさんの味方がいるということです。

病気になった人は、痛みや辛さといった病状も辛いのですが、それ以上の辛さは孤独だと言われます。自分は社会的に何もできなくなった、という否定的な考えに取りつかれてしまうことです。

誰も振り返ってくれないのではないか、みんなに忘れ去られてしまうのではないかという社会的に取り残されてしまう孤独、あるいは自分はみんなと一緒に何もできないのだという孤独、そういう思いがいちばん辛いと言われています。それは否定的で、まったく間違った考えなのですが、辛いときは誰もがそう思いがちです。

しかし、目に見える世界で何かできることだけが人間の価値ではありません。人間は存在していることだけで素晴らしい価値があるのです。

私たちは命が与えられ、生かされています。命というのは愛そのものの溢れです。赤ちゃんが生まれたときにお母さんが喜ぶのは、命の溢れをその子に見るからです。それが愛なのです。愛が溢れて他の人に繋がる、それを伝え続けること、それが人間の大きないちばんの喜びになります。

また、私たちがうれしいことは、誰かの役に立っているという感覚です。人間の深い本能は、人に認められたいということもありますが、同時に自分が誰かの役に立ちたいと願うことでもあります。ですから自分が誰の役にも立っていないという否定的な考えにとらわれることは、とても苦しいことです。

一方で私たちは、何か大きな素晴らしいことをするのが誰かの役に立つことだという偏見に陥りがちです。しかし、私たちが幸せを感じるのは、何か大きなことをすることによってではありません。大小問わず、人の役に立つということが人間のいちばんの幸せなのです。

「一羽の小鳥を癒しなば
　我が生涯に悔いあらじ」

誰かの役に立つということは、楽しい思いを分かち合うこと、楽しい経験を分かち合うことです。

キリスト教国では、十一月一日は亡くなった方々が永遠の天国で幸せに生きている、それを祝う日とされています。十一月二日は、亡くなった方々を供養する日、お墓参りの日です。

あるとき、大きな花束をもったおじいさんがバスに乗っていました。そのバスは田舎に向かっていました。小さい女の子が大きな目を見開いて、おじいさんの花束をじっと見つめていました。揺れるバスの中で、その子は瞬《まばた》きもしないで花束を見ていたのです。

バスが停《と》まって、おじいさんはバスを降りようとしました。しかし、急に戻ってきて、「きっと妻も生きていたらこうしただろう」と言って、女の子のひざの上にその花束を置いて、バスから降りました。

バスが停まっていたので、その女の子はおじいさんがどこへ行くか見ていました。おじいさんはゆっくりと歩き、その向こうにある墓地に向かっていました。そのとき、おじいさんが振り返って、バスから身をのり出している女の子を見て、手を振りました。そして、「妻も喜んでいるよ」と言いました。

女の子はびっくりしましたが、その場面がくっきりと心に刻まれました。

そして、何か喜びを分かち合うこと、自分の気持ちでもいいし、人が必要としているものを分かち合うこと、それがどんなに大きな喜びに繋がるかということをその花束というギフトで体験したと言います。

本音を分かち合うとき、人が欲しいものをプレゼントするとき、そのようなときに、私たちは自分自身の喜びが何倍も大きくなることを知っています。

LESSON 4

自分を好きになってください

あなたは自分自身が好きでしょうか？　まずは自分が好きになると自分を大切にします。失敗しても、この失敗から何を学ぼうかと自分と相談するようになります。

✣見えない世界の幸せ

目に見える外の世界で、物ごとが思いどおりスムーズにはかどり、体も健康で、まわりの人たちもみんな良い人なら、もちろん都合が良いし、幸せで生きやすいかもしれません。

けれども、それとは違う幸せが、私たちにはあります。そして心を良く整えておくと、まわりの状態も整い、生活しやすくなります。いつも完全ということは人間にはありません。しかし、心を整えることで苦しみが少なくなってきます。

ぼくの秘密が聞きたいかい？
ちっとも難しいことじゃないんだよ。
この世には、目に見えなくて
心でしか見えない、
とっても大切なことが

あるってことなんだよ。

サン＝テグジュペリ

私たちにとっての秘密というのは、目に見える世界だけ上手《うま》くいけば良いということではありません。心でしか見えない、とても大切なことがあるということを覚えておくことです。

アメリカの感謝祭でのお話です。感謝祭は一年に一度、お祭りの日にみんなが田舎に帰ってくるような日です。アメリカでみんなが集まる日というのは、感謝祭とクリスマスで、日本でいえばお正月のようなものです。

特に感謝祭は、十一月の最後の木曜日で、みんなが一斉に移動するので、飛行機の切符がとれなくて大変だということです。その感謝祭のときに、ある学校の先生が、小さい子どもたちに「感謝祭の日だから、感謝するものを絵に描こう」と言って、子どもたちに絵を描かせました。

子どもたちは小学校の一、二年生くらいですから、お母さんがくれた小さい自動車や電車のおもちゃとか、精巧な動物のネジ仕掛けのもの、筆箱といった自分がもらったものをいっぱい描いたのです。

しかし、その中に一人だけ、無骨な手を描いた子がいました。みんなが「その手は何？」と聞いても、その男の子は黙っていました。

その男の子はとっても引っ込み思案で、みんなとなかなか馴染めず、休み時間にも教室の端のほうで一人でポツンとしていました。

その男の子が返事をしないので、友達が「それはきっと神様の手なんだよね。その手を通して、いっぱいおもちゃなんかをもらえるんだもんね」と言いました。しかし、その男の子は黙って首を振って、返事をしませんでした。


しばらくたって、先生が教室を回りながら、その男の子のところに行って、そっと「あの絵は何の絵？」と聞きました。すると、その子は小さな声で「先生の手」と答えたのです。

彼は家庭環境があまり良くなかったこともあって、誰とも馴染めず、いつも端のほうでポツンと独りぼっちでした。先生はいつも何気なくその子に近づいていって、何も言わずに手を出し、その子の手を握っていたのです。それで、その絵は僕の手を握ってくれる「先生の手」だと言ったのです。

先生は、そのとき「感謝祭とはこれなんだ」と思いました。それは自分が感謝されたからではありません。子どもが「これは先生の手」と言ったときに、それを言ってくれた子どもに感謝の気持ちが湧いてきたのです。子どもが感謝してくれるような何かが自分にはできる、それに感謝することなのだ、と気がついたのです。

自分は何気なくやっていたけれども、この子はそれにたいして感謝してくれる。そういう自分がうれしい。そういうことを知らないうちにできる自分がうれしい、としみじみ思いました。そして、これが本当の感謝祭の意味だと理解したのでした。

✣ あなたは自分が好きですか

私たちは様々な人間関係の中で生きていますから、どのようにしたら自分が輝く灯台になれるか、なるべく良い環境で生きられるかということを考えます。

では、私たちはどのようにしたら自分を輝かせることができるでしょう。どのようにしたら自分にしかない、ユニークな宝石の輝きを放つことができるでしょうか。

アメリカの空港などには、よくカードが置かれているのを見かけます。そのうちの一つのカードに、ドロシー・ノルテという人が書いた言葉が載っています。これは子どもについて書かれていますが、子どもだけでなく、大人にも当てはまる言葉だと思うのです。

① 子どもは親の辛抱強さを見て育つと、耐えることを学びます。
② 子どもは親の公平さと正直さを見て育つと、真実と正義を身につけていきます。
③ 子どもは励まされて育つと、自分に自信を持つようになります。
④ 子どもは適切に誉《ほ》められて育つと、人に感謝できる子どもになっていきます。
⑤ 子どもは自分の存在を認められて育つと、自分が好きになります。

私たちは「耐える」というと、いつも苦しみに耐えることと思いがちです。しかし、耐えることというのは、苦しみにだけではなくて、喜びを長持ちさせる、幸せを持続し続ける、幸せに耐え続ける力をつけることでもあります。幸せを感謝しながら、喜んで幸せを味わう能力を育てていくことでもあるのです。

人間として、私たちがすべき第一の務めは、自分を好きになることです。特に、子どもが自分を好きになるように育て援助するためには、子どもをまず好いてあげることです。

「あなたのこと大好き」と、子どもに感じ取らせてあげることです。そして名前を丁寧に呼んであげることです。その子どもの名前について、楽しいことを語ってあげることです。そして、少しでも良いことをしたら、その子どもを誉めて励ましてあげることです。もし何かしてもらったら、大人がその子どもに感謝してあげることです。

そうすると、子どもは自分を好きになっていきます。

あなたは自分自身が好きでしょうか。自分自身を嫌いだという人がいたら、今日から変えてください。

自分自身が嫌いだと、人生は辛くなりますし、人間関係は悪くなります。

ともかく自分を好きになることです。自分を好きになると、自分を甘やかせているのとは違うということが、だんだんわかってきます。

自分が好きになると自分を大切にします。失敗しても、この失敗から何を学ぼうかと自分と相談するようになります。

あなたは自分の名前がとっても好きでしょうか。自分は嫌いだ、自分の名前はこんな名前でなかったら良かったなどと言わないで、自分の名前を好きになって、自分の名前は良い名前だということを感じ取ってください。

親はこの子が幸せになるようにと念じて、さんざん考えて、いちばん良い名前をつけているのですから。

LESSON 5

自分が知らない、自分の良さを輝かせるのは

あなたが自分の長所を認めることができたら、次はあなたの家族、友人、まわりの人たちの宝探しをしてみてください。それぞれの素晴らしさを認め合うこと、それが自分の素晴らしさになります。

✣ 知らなかった自分の素晴らしさ

幸せに生きる力は一人ひとりの中に必ずあります。私たちは幸せに生きるために必要なものをすべて持っています。生きる根源である素晴らしさを一人ひとりが持っています。

しかし、それが輝き出さないようにしているのは、私たち一人ひとりなのです。他人ではなく、自分で自分はダメだ、と、そう思い込むからなのです。

これはアメリカの中学校であった話です。

一人の数学の先生がクラスを担任していました。そこにマークというとてもおしゃべりな生徒がいました。授業中、マークがおしゃべりを始めると、他の子もつられておしゃべりをし、教室はざわざわして、とても落ち着きのないクラスになっていたのです。

そこで先生は、この子たちをどうにかして落ち着かせたいと思いました。そして皆が落ち着いて、いい雰囲気で仲良しになるには、どうしたらいいだろうと考えました。

さんざん考えた末、あるアイデアが閃《ひらめ》きました。

先生はみんなに一枚ずつ紙を配りました。「ここにみんなの名前を書きなさい」と言って、まずクラスメイト全員の名前を紙に書かせました。

「今から、みんなの観察力と、人を見抜く力をテストします」と先生は言いました。

「それでは今から一人につき一分の時間をあげますから、一人ずつ、あの人はあんなところがいいなあ、この人のこういうところが好きだなあ、と思う点を書いてください。頭で考えないで、どんどん思いつくまま全員について書きます。それが試験の答案です」

生徒たちは一人ひとりの名前が書いてある紙に、あの人は親切、あの人は声がきれい、あの人はとっても責任感がある、誠実だ、などと書きました。誰かにビー玉をあげたというのでもいいのです。皆が思いつくままをクラス中の友達について書きました。

先生はこの言葉を集めて持って帰りました。そして、クラス中の子どもが書いた物を今度は子ども一人ずつに書き写しました。一人の子どもに四十人の答案。それを全部先生がきれいな字で一枚ずつ書きました。そして、次の日にクラスに持っていって一人ひとりに通信簿を渡すようにあげたのです。

先生は子どもたちがそれを開いたとき、どんなに喜ぶだろうと思いました。ところが、みんなのワーッという声を期待していたのに、生徒たちはシーンとしたのです。そして、何も言わないのです。生徒は次の日に学校にきても、何も言いません。先生はこれは失敗だったと思いました。

中学生の心理状態というのはどういうものだろう、教師でも生徒のことはわからないものだと改めて感じました。

しかし、そのうちにだんだん教室が穏やかになっていきました。みんなが仲良しになっていったのです。先生はもしかするとあれが効いたのかもしれないなと思いました。

✣戦場でも持っていた

先生はそれから長い間、その事は忘れていました。学校が変わって他所《よそ》へ行き、二十年近くが経《た》ちました。

あるとき、先生は自分の故郷の町に帰ってきました。めずらしく先生の両親が空港に迎えに来てくれました。先生は、今日は何か様子がおかしいと思いました。すると、お母さんに促されて、お父さんが、「実は、お前の教え子のマークが戦死して、明日はお葬式だ。ちょうどいいときに帰ってきた」と言ったのです。

それはベトナム戦争のときでした。先生はマークの葬式に参列しました。教え子たちも皆集まってきていて、先生を懐かしく迎えてくれました。そして、翌日、マークの両親の家に集まろうということになりました。

次の日、先生はマークの友達が来る前に、一足先にご両親に挨拶しようと出かけました。マークの両親は、先生が遠くから来てくれたことに感謝し、うれしく思いました。そして、マークが戦死したときに身につけていた洋服の中に、たった一つだけ残っていたものを見せてくれました。

それはお財布でした。その革の財布にお金は入っていませんでしたが、中に一枚の紙が入っていました。

「これは先生の筆跡です」と言って、お父さんとお母さんはその紙を差し出しました。

それは中学生のときに、みんなの良いところを一つずつ書いたあの紙でした。「マーク」と書いて、そこに四十人の子どもたちが見つけてくれたマークの良さが四十個も書いてあったのです。

マークはそれを戦死するまで、それもあの激しい戦争の最中にも肌身はなさず持ち歩いていたのです。あのときは生徒たちに配っても誰も何も言わなかったのに、マークはこうして生涯持ち続けていてくれたのでした。

しばらくして、マークの友達がみんな集まってきました。

「マークは死ぬまでこれを持っていてくれたんだよ。ほら、みんなの書いてくれた言葉が一つずつここにのっている」と先生が言いました。

すると、そこにいた、りりしいりっぱな青年たちが、ズボンのポケットから紙を出して、「先生、僕も持っているよ」と言いました。「僕も持ってるよ」と他の子も胸のポケットから紙を取り出しました。マークの葬儀に集まった教え子たちは、一人残らずその紙を取り出して先生に見せました。

「マークの思いは僕たちと一緒だったと思う。自分ではそんな良さがあるなんて思いもしなかった。考えもしなかった。でも、自分の中にこんな良いところがあるということを友達が認めてくれた。それがとてもうれしかった。落ち込んでもうダメだと思うとき、あるいは、戦争でもういつ死ぬか、殺されるかという危険な状態にあっても、自分には皆が認めてくれた良さがあると思うと、また力が湧いてきた。そして生き延びてこられた」ということを、青年たちは口々に先生に話しました。

先生は、あのとき、生徒が手におえなくて、必死の思いで考えついたことでした。それが青年たちにこんなにも影響を与えていた、ということを知って驚きました。それぞれが素晴らしい青年に成長していました。

ともすると、先生というのは、「あの子はしょうがない、この子もしょうがない」という思いで見がちですが、一人ひとりの中には本当に素晴らしいものがある。だからこそ、こんな立派な青年になって素晴らしさを発揮しているのだ、ということをつくづく感じました。

ダイヤモンドのように光を輝かせるもの、そういうものが誰の心の中にもあります。そして私たちの一生は、それを輝かせるために命が与えられているのです。

あなたが自分の長所を認めることができたら、次はあなたの隣の人の宝探しをしてみてください。そして身のまわりの人たち、家族の人たちの宝探しをしてあげてください。

それぞれの素晴らしさを認め合うこと、それが自分の素晴らしさになり、自分のいらない物を脱ぎ捨てていく一つの秘訣かもしれません。

心が迷ったり、ざわざわしたときこそやってみてください。きっと人生が変わります。

LESSON 6

自分を責めないで

私たちには死ぬまで固有の使命に基づいたいろいろな課題がふりかかってきます。それを乗り越え、乗り越えしながら、ひと回りも、ふた回りも大きくなっていくのです。

✣一人ひとりに使命がある

一人ひとりに使命があります。どれがいい使命、どれが悪い使命ということはありません。みんな一人ずつ、お役目として神様が選んで使命を与えてくれています。

病弱の子には病気を通してその使命を果たせるように、特別の課題が与えられます。

私たちには死ぬまで固有の使命に基づいたいろいろな課題が起こってきます。そして、それを乗り越え、乗り越えしながら、ひと回りも、ふた回りも大きくなっていきます。

亡くなるときに、神様が「一生を通して、あなたは私が与えた役割を引き受けてくれてありがとう。さあ、あなたは本当に充分役目を果たした。天国へ来てゆっくり休んで、歓びのうちに入りなさい。そして、これからは至福の世界から歓びを通して、あなたが地上で縁があった愛する人たちに、愛と守りを送り続けなさい」と言って迎えてくれます。

私たちは人生で与えられる課題の渦中にいるときは、こんな辛いことがなければいいのにと思います。しかし、それを一つずつ乗り越えてきた人は、まさに死ぬときに、「ああ、自分は自分の一生を生き抜いた」という満足感のうちに、この世を卒業していきます。

私の知り合いに九十歳の立派なおばあ様がいました。その方はお茶の水女子大学附属小学校の第一回目の入学生でした。

お茶の水の附属の小学校に入って、あるとき、教科書を忘れました。先生が「なぜあなたは教科書を忘れたのですか」と聞いたそうです。

「なぜ忘れたかということがわかっていたら、学校なんかにはきません」と、幼な心に考えたそうです。この方はそのことを一生涯ずっと忘れませんでした。

「なぜ忘れたかというほど愚問はない。お茶の水という立派な小学校で、それをいちばん最初に言われた。さすがお茶の水だ。一生を貫く教訓を教えてくれた」といつもおっしゃっていました。

このおばあ様がおっしゃるには、「なぜ」と聞いてもわからないことが人生にはありすぎる。だから「なぜ」と聞いてもしょうがない。「どうしたらいいだろうか」と言いなさい。

「本を忘れないようにするにはどうしたらいいですか」と先生が聞いたら、すぐに「前の日にカバンの中に入れます」とか、「家に帰ったらすぐ本をカバンに入れておきます」と答えたはずだというのです。

私たちは大人になると「なぜあれをしなかったの」とか「なぜしたの」と言いがちです。

そのときに自分を責めるという落とし穴に入っていきます。落とし穴は普段は見えません。しかし、落とし穴が見えると、落とし穴には何があるのだろうと、大人になっても見たい気持ちになります。どうしてかというと、人間は好奇心に溢れているからです。

そして落とし穴の持つ強力な引力によって引きこまれていくのです。

あなたにとって落とし穴とは何ですか。それはあなたを神様にしてしまうことです。

附属池田小学校の無差別殺傷事件が起こったときに、「なぜ自分は子どもを休ませなかったのだろうか」と自分を責めた母親がいました。
けれども、そのときのお母さんの仕事は、明るい顔で子どもを学校へ喜んで送り出してあげることだったのです。神様ではないから、その日に何が起こるか予知できるわけがありません。

自分は完璧ではない。誰も完璧になんかなれっこない。そういう弱さを通して、私たちは人間味溢れた優しい人になれるのです。くれぐれも自分は人間であるということを忘れないでください。

立派な人に見えても、ある人には厳しすぎると見えたり、別の人には優しすぎると見えたり、いろいろな見方があります。人間である限り完璧な人はいませんし、人にもそうは見えません。

まず第一に自分を責めないこと。自分を責めるという落とし穴に、好奇心にかられて落ちないこと。自分を責め続けると自虐的な快感を味わいます。そんなことにエネルギーを使うことよりも、もっともっと幸せなことが世の中にはあります。誰かに会ってにっこり微笑《ほほえ》んでみることでもいいし、花屋さんの前を通ってきれいな花を見てもいいし、青空をしみじみ眺めてもいいのです。

✣ 期待を消してみる

私たちは、どんなに高い期待を自分自身とまわりの人にもっていることでしょうか。自分をチェックしてみてください。

次に、「この期待を消します」と自分に言ってください。私たちには、「こうでなければダメ」という期待が数多くあります。もし、そういう期待をしなかったら、だらだらと生きてしまうのではないかと心配する人がいます。

人間の本能には、いい人になりたい、誰からも受け入れられたい、高く評価されるような人になりたい、という強い希望があります。その希望と原動力は決して消えません。

ですから、あなたはどんなに自分を温かく受け入れても、マイナスになることはありません。むしろ本当の力が湧き出てきます。どんなことが起こっても自分を責めないで、自分と仲良しになることです。

これは自分が立派な人になるというのではなく、あなたのそばに来るとほっと心が安らぐとか、あなたとなら安心して一緒にいられるとか、何かのときはあなたのことを思い出すといった、そういう人になることです。

人間は自分で自分の成長を確認することができません。しかし、それはまわりの人が教えてくれます。ここが落とし穴です。第二の影響力のある強い落とし穴です。私たちは自分が良くなっているということがわからず、他の人の反応によって感じ取ります。

人間がどれだけひと皮むけたか、ひと回りもふた回りも大きくなったか、自分でわかれば問題はないのですが、自分ではわかりません。まわりの反応で理解するわけです。

そうすると、自分のことはそっちのけにしておいて、まわりの反応を無意識に気にするようになります。まわりからいい反応をもらいたいあまり、自分らしさを出さず、自分を殺して、まわりの期待に合わせて生きていくようになります。

「なんとあの子は素直なんでしょう」「あの人はなんて優しいんでしょう」「あの人はいつも親切なんです」、まわりの反応がとても良くなると、ついそれをやりすぎます。

その結果、本物の自分は生かされません。

本物の自分を生きないで、他の人の期待に合わせて生きていくから、辛くて生きにくい人生になってくるわけです。あまりいい人になりきってしまうと、本物の自分を生きられず、毎日が不自由で生きづらくなっていきます。

ですから、この二つの落とし穴に注意してください。ときには失敗します。でも失敗するのが人間です。失敗したら、今度はこの失敗から知恵をもらおうと思ってください。

自殺したいほど苦しいときがあっても、自殺しないことです。その苦しみは、あなたにとって特別の使命です。その苦しみがあるときには、苦しみにまさる愛と力を神様は与えてくださっています。

あなたは必ず乗り越えられます。死んでしまったほうが楽だと思うことがあっても、あなたには素晴らしい助けと力が与えられています。だから死ぬ必要はない。

今はわからないけれども、後になってこの苦しみには大きな意味があることがわかるはずです。あなたはそれを楽しみに生き抜くことができます。ですから、自分を大切にして、命を大切にもてなし、ご自分の存在を大切にしてください。

神はわたしを緑のまきばに伏させ、
いこいの水辺に伴われる。
神はわたしを生き返らせ、慈《いつく》しみによって正しい道に導かれる。
（詩篇23・2-3）

いつでも「幸せになっていいんだよ」と自分に許可を与え続けましょう。自分を大切にしてあげましょう。自分を大切にすることを学んだ人は、まわりで苦しんでいる人にエネルギーを送ることができます。

LESSON 7

命があるだけで、希望がある

「私は、与えられた障害ゆえに神に感謝します。これらの障害を通して、私は、自分を、仕事を、そして神を見出したのですから」

（ヘレン・ケラー）

✣ 希望の元は命

「生命ある限り、希望がある」、これは古代ローマの哲人キケロの言葉です。

私たちは、もう希望はないから絶望的だとか、物ごとが上手《うま》くいかないから絶望だとか、子どもが思うとおりに動かないから絶望だ、会社が難しいから絶望だと、何か上手くいかないと希望ではなくて絶望のほうをすぐに考えがちです。

でも、あなたは生きている、命がある、それだけで必ず希望があるのです。希望の元は命があるということなのです。ここをしっかりと心にとめておく必要があります。

今、あなたは生かされています。しかし、人間いつかは必ず死ぬのです。ここにいる私たちは、百年後にはほぼ誰もここにいません。一人残らず、必ずいつかは死ぬのです。そして、幸せな世界に移っていきます。

人生というものは、遠くの地平線を見ているようなものです。私たちが人生の終わりを考えるとき、ちょうど水平線を見るように、そこで終わってしまうと思いがちです。海の果てが水平線だと思いがちです。しかし、それは単にこちらから見ての区切りにすぎず、水平線に行ってみれば、またずっと海は続いているわけです。

私たちの死というものは、単に人生のちょっとした区切りであり、まったく新しい幸せな世界に移りゆくことであって、命はもっと深い命に変えられていくにすぎません。その延々と続く命を大切にすること、それは今日を大事に生きることに繋がっていきます。


偉大なる人から学ぶものが多いのは、その人が決して楽な道で偉くなっているわけではないからです。私たちに多くを遺してくれている人たちは、どれだけ苦しみや不幸、悲しみを乗り越えてきたかわかりません。

「私は、与えられた障害ゆえに神に感謝します。これらの障害を通して、私は、自分を、仕事を、そして神を見出したのですから」。これはヘレン・ケラーの言葉です。

ヘレン・ケラーは、聞こえず、見えず、話せずという障害を乗り越えて、素晴らしい生涯を私たちに遺し、私たちに人間の可能性を示してくれました。

私たちも健康を失ったとき、健康のありがたさがわかります。家族を失ったとき、家族のありがたさがわかります。いろいろな苦しみがあるときに、私たちは学ぶことがたくさんあるのです。

人生は学びの場だといわれます。ときに応じていろいろな苦しみが起こりますが、それは決してマイナスではありません。それは心の扉を開けて、新しい可能性をあなたの中に開いてくれるものです。

あなたの中にあるダイヤモンドが、外に向かってもっともっと輝き出し、あなたをもっと輝かせてくれるために起こっているのです。そこに意味があります。ですから、それと戦わないことです。

辛いこともときが必ず解決してくれます。また、そういうときはまわりのサポートもあります。それに感謝しながら、この今日という日を生き抜いていくことです。嫌なことの中にも輝くものがある、そこに目を向ける生き方を選んでいきたいものです。

✣ 人間はなんと強いものか

子どもが十年間も閉じこもって悩んでいる人がいました。子どもは家庭内暴力もひどくて大変だったのですが、夫は理解がなく冷たく、その人は地獄のような生活だと感じていました。でも、その人があるとき、こんな状況の中でも自分たちは生きてきた、なんと人間というのは強いものかと、ふっと思ったのです。

こんなに暴力をふるう息子にも殺されずに生き抜いてきた。十年もこんなひどい仕打ちに遭いながらも、夫とも別れずにくることができた。そして、心から息子が治るように、本当にまっとうになるように、暴力をふるわず社会に適応し、幸せを味わえるようにと、自分の深いところで十年間、片時も休まずに願い続けてきた。

息子がときには憎らしくもなり、憎悪を覚え、死んでくれたほうがいいと思うことがあっても、心の深い深いところでは、息子が幸せになるように願い、その気持ちは絶えることがなかったといいます。

この人は人間の中にある強さ、変わらないものに気づき、人間というのはすごい可能性がある素晴らしいものだと、はっと呆然となったそうです。

すると突然、息子が後ろからきて肩をもんでくれました。力を入れて肩をもんでくれていたとき、思わず涙が溢れてきました。

ある日、息子が「母さん、ごめんね」と言いました。お母さんも思わず「謝ることは何もないのよ。あなたが生きていてくれて、そして母さんも生きていて、一緒に同じ屋根の下で生きていて良かったね、うれしいね」と言いました。

ちょうどそういうときが来ていたのでしょう。引きこもりが十年にも及んだので、両方とも飽きて転換の時期が来ていたのでしょうか、思わず和解しました。

そのとき、この人は、この十年の苦しみがなければ、親子とはこんなにありがたいものだと思うことはなかっただろう、と言いました。それからというもの、自分はお日様が輝いていてもうれしい、花が咲いていてもうれしいと思えるようになったということです。人間の根底にあるいちばん大事なもの、それは生きていること、命あることではないでしょうか。

それを私たちは当たり前と思い、命の危険にさらされ、失うぎりぎりのところまで行ってしまわない限り、命あることの尊さになかなか気づかないものです。「命がある」と言いますが、明日は命がないかもしれません。誰がわかるでしょう。

今日元気に出かけた人が、交通事故で亡くなるかもしれないし、明日はどういうことが起こり得るかわかりません。でも今は命があるのです。

先のことは心配しないで、今、命があるという事実に、目を向けるときに、私たちは、今本当に自分を生かすことができます。

LESSON 8

傷や痛みは生きる原動力

苦しみを知る人は、自分が知らないうちに、自分を通して神の「もてなし」の優しさを伝える道具になることができます。その人たちは、傷ついている人を癒《いや》し、豊かな生活へ導いていくの神の道具なのです。

✣ 世の中はすべて循環している

「もてなし」というテーマを考えてみたいと思います。

「もてなし」というと、私たちは誰かに何かをしてあげると考えがちです。何かをしてあげると考え始めると、何か自分のものを取られるような感じもし、少し怯《ひる》んだりするかもしれません。しかし、誰もが持っているもので十分な「もてなし」をすることができます。それは、人間の中でいちばん大切なものであり、誰にでも平等に与えられている時間です。

時間は皆に平等に与えられています。そして、生きていくエネルギーでもあります。私たちがまず人に与えられるもの、それは自分にとってもっとも大切な命の根源であるエネルギーと、生きていく時間、限られた時間です。それを他の人へのもてなしとして差し出すのです。自分の中の生きる活力を他の人に差し上げると、その人は生き生きしてきます。

花に水をやると、生きるエネルギーである水をもらった花は、きれいに咲いて、あなたにまたエネルギーを返してくれます。

世の中はすべて循環でできています。あなたが時間を少しとり、自分の中の生きるエネルギーを他の人に向けるとき、その人はまた生き生きとして、やがてあなたを生かす原動力になってくれます。

家庭の中においても、あなたが家族の人にちょっとした心遣いをしたり、明るい態度を見せるとき、家族中がほっとして温かさに包まれます。すると、それがあなたに返ってきて、あなたはまた心地良さを感じ、心を開くことができるようになっていきます。

私たちは時々自分ひとりで苦しんでいるような気がします。この世界中でいちばん辛い思いをしているのは、自分ではないかという気になります。苦しいときはそう思います。他の人がみんな幸せに見えて、自分だけがすごく辛い思いをしている、そんな感覚にとらわれることがありませんか。

息子さんを亡くしたお母さんが言っていました。マンションの上から下を見ていると、息子と同じくらいの青年たちがカバンを持って会社に出かけて行く。けれども、みんな暗い顔をして歩いている、と言うのです。

「あなたたちは生きているじゃないの。なぜそんな暗い顔をしているの」「生きているだけで、素晴らしいじゃないの」と叫びたくなると言います。

そのあと一人で部屋に入って座り込むと、外を通る人は皆生きている、でも息子は生きていないのだと思い、今度はだんだん自分の心が沈んできて、世界でいちばん不幸なのは自分なのだと思い込んでしまう、ということでした。

私たちは指に棘《とげ》が刺さっても、もう世界一不幸せな感じがするものです。歯がちょっと痛むだけでも、歯医者さんに行けばすぐ治ることですが、それでも自分は世界一の苦しみを背負っているような気になります。そのような感覚を私たちは持つ必要はないとわかっていても、自分で感じてしまうのですから仕方がないわけです。

✣ 障害も苦しむこともマイナスではない

ヘンリ・ナウエンは哲学者であり、アメリカのハーバード大学でも特別優秀な教授でした。彼は社会的地位が高く、多くの名声を得て、たくさんの人に慕われた人です。

ナウエンは五十歳を過ぎた頃、その教授の職をなげうって、障害者の施設で働きだしました。一人の障害者を受け持ち、体の世話から食べさせることまで、心血を注いで世話をしました。彼はそれまでいつも人に仕えられていたので、とても不器用でした。そんな彼が重度障害の人を受け持って、お風呂に入れてあげ、スプーンで食べさせ、よだれを拭いてあげ、わめくときは支えてあげました。

ナウエンは神父様でもありました。彼は自分がその重度障害の人に接しているときに、初めて神に出会ったと言います。神様はその重度の障害のある人に命を与え続け、よく計らってくださっている。重度障害の人の心は言葉では伝わってきませんが、世話をしながら触れ合うことで伝わってくる心の温かさ、それによって神様の限りない温かさを感じた、と言っています。

ナウエンは多くの本を書いていますが、次の文章はその一部です。

「受け入れてくれる人々の中では、心の傷を持つことも、苦しんでいることも、マイナスではなく、人間の状態の一つの表現として受け入れられていきます。その状態を承認するとき、開放が始まっていきます。……その共同体に入ることで癒しがもたらされるのは、そこで傷が癒され痛みが緩和されるからではありません。深い心の絆の共同体の中で、傷や痛みがより良い人生を生きようとする新しい原動力となり、将来に力強い希望を見出すからです。

こうした深い心の絆で結ばれている共同体の働きを『もてなし』と言います。そして、あなたもその共同体の一員になれます」

私たちは、ときによっては、自分が孤独だと感じることがあります。誰かが一緒に何かしてくれたら、あるいは何かが起これば、この孤独は消えて喜びに変わると感じがちです。

自分の人生に充足感がないときに、いちばん孤独になります。他の人がどんなに言ってくれても、何か自分の人生が満たされていないという感じを味わっているときは、孤独感を感じます。それは人や物では満たされない何かが足りないと感じるときです。

自分の人生が充実しているのは、このために自分は生きているのだという、自分を賭けるものがあるときです。

子どものために一生懸命世話をしているときは生きがいを感じます。親は赤ちゃんを育てるときがいちばん生きがいがあったのではないでしょうか。自分は毎日毎日、身内だけではなく、他の人に「もてなし」をするために生きているのだという目標を持つとき、あなたの人生はもはや孤独ではありません。

本当に小さいこと、些細《ささい》なことで良いのです。人に微笑《ほほえ》むだけでもいい、優しさを一ミリでも送るために生きているのだという目標に向かって行けば、あなたの人生は孤独ではありません。

誰かと苦しみを分かち合うことで繋がっているとき、自分の存在が神様の深い優しさを人に伝えるとき、少しでもそれができれば、私たちは孤独ではなくなっていきます。

私たちは自分の孤独が癒されたい、そして自分の孤独を解消するために誰かが自分に何かしてくれるのではないか、と考えがちです。私たちはこの痛みが取り去られれば、この心の中のざわざわした思いが取り去られれば、苦しみがなくなると考えます。

しかし、それが取り去られれば、欲が出てもっとこうでなければと思い、私たちの苦しみや孤独感はますます広がっていきます。

自分は幸せではないという考えで動くときは、ますます幸せではなくなっていきます。そんなときは、今の苦しみは通り過ぎていく一つの過程だ、人生の一つの形なのだ、と腹をすえて、台風のようにそれが通り過ぎるまでじっと耐えていきます。

そのときはやっぱり辛いですが、そういうときに温かい手を差し伸べて、こう言ってくれる人がいたら、あなたはどう感じるでしょうか。

✣苦しみを隠す必要はない

「あなたの苦しみは、あなただけのものではありませんよ。あなたは世界一不幸なのではありません。私も同じように苦しんでいます。苦しんでいることを隠す必要はありません。苦しむことはあなたの価値を下げることではありません。健康な人、幸せに見える人がいるからといって、不幸だと感じているあなた、苦しみを感じているあなたが劣るということではありません。それは自分の価値を下げることではありません。

あなたが苦しいということを話してくださるとき、私はあなたが今苦しみを経ていらっしゃるのだということを受け入れます。そして、私も自分の苦しみをあなたにお伝えするので受け入れていただきたいのです。あなたの辛さは私にはわからないかもしれませんが、分かち合ってくださったことでとても人間的な繋がりを感じ、あなたから温かいものをいただいています」

このように言ってくれる人がそばにいてくれたら、苦しみを乗り越えていけるのではないでしょうか。このような思いでいる人が集まっている場所に孤独な人が来たら、おそらく自分だけが苦しんでいるのではない、と気づけるようになります。

自分の心にうずく傷を嫌えば、憎しみや絶望に繋がっていきます。しかし、この心の傷によって、あなたはもっと深みのある人間として生きることができるようになります。この傷はそう叫んでくれている傷なのだと気づくようになります。

自分を受け入れてくれる人がいない場合は、これに気づくのはなかなか難しいことです。しかし、苦しみを受け入れて共に歩んでくれる人がいれば、心の傷をもっていても、苦しむということはマイナスではなく、人間が生きていくうえでの一つの過程であり、一つの状態にすぎない、ということを感じることができます。そう感じたときに心が開かれていき、ほっとした気持ちになります。

苦しみを知る人は、自分が知らないうちに、自分を通して神の「もてなし」の優しさを伝える道具になることができます。その道具になった人たちの中で、傷ついている人が癒され、より豊かな生活に導かれていきます。彼らはその傷ついた人を癒す人になります。

私は身内を亡くした方と接するときにいつも感じることですが、その方が苦しみを経て、その事実を受け入れたあとには、深い深い静けさと人間としての崇高さがあります。

人間の能力は一〇〇パーセントのうち〇・三パーセントしか使われていないと言います。あとの九九・七パーセントは秘められていると言われます。

しかし、人間一人ひとりの中には素晴らしいものが秘められています。その素晴らしい力を引き出してくれるのが、私たちにとっては辛いことですが、「良薬は口に苦し」の苦しみかもしれません。

LESSON 9

私は弱い、でもダメじゃない

愛というのはすぐ目の前にいる人が、人間として良いものを発揮できるように刺激を与え続けること、その人がより良くなるために、貢献することを言います。

✣ローマ法王の三つのメッセージ

愛というと、私たちは誰かを好きになるとか、恋愛に近いようなことを思いがちです。愛というのはすぐ目の前にいる人が、人間として良いものを発揮できるように刺激を与えること、貢献することをいいます。

亡くなられたローマ法王ヨハネ・パウロ二世は、三つのメッセージを繰り返し話されました。

一つ目は、命というのは聖なるものであるということ。命は神様から与えられ、みんな一人ひとりが生かされている。だから、一人ひとりは聖なるものだ、ということ。二つ目は、だからこそ、その聖なる一人ひとりを大切にするということ。そして三つ目は、一人ひとりを大切にすれば、人間同士の間に生まれる人間関係は穏やかで平和なものになる。これが前の法王様が常に繰り返し話し続けた三つのメッセージでした。

生きるということは、この聖なる一人ひとりから、その聖なるものを引き出しながら、それを大切にし合って、人間関係に安らぎをもたらすこと。そして平和を築くこと。それに尽きると言われます。

私たちは誰でも何かしら弱さがあります。にもかかわらず、私たちは完璧でなければダメと思い込んで、自分を押しつぶしてしまう傾向があります。そして愛と反対の方向に行きがちです。このような私たちにとって大切なのは、カトリックの「回心」ということです。

「回心」というのは、心を回すことです。自分のことを「ダメだ、ダメだ」と言って、下のほうに向いている心をひっくり返して、希望の方向に向かっていくのが回心なのです。辛いことがあっても、「私は弱いけれども、神様が許してくださる」「もう一度やり直そう」という希望をもって、心をひっくり返していかなければなりません。

自分だけでは弱いけれども、本当に人間を超える大きな存在が自分を生かし続けてくださる。「あなたは生きていいんだよ」と生かし続けていてくださる。その愛の溢れである命を自分に与えていてくださる、その神様の慈《いつく》しみ、許しの中で、心を回していきます。もう一度生き直そうと回心します。

失敗するというのは辛いことです。しかし、それは学びを得るための月謝なのです。

私たちはこの失敗から何を学べばいいのかを考えます。するとそのときの痛い思いは、自分が何を身につけたらいいのかを教えてくれます。苦しみや痛みは伴いますが、月謝を払うことによって、そこから知恵をたくさんもらうのです。

✣ 私たちは天使ではないのだから

私たちは自分が天使でなくてはダメ、と思いがちです。天使というのは、完璧な存在です。神様の次に純粋で素晴らしい存在です。一人ひとりに守護の天使がついていて、いつも私たちを守っていてくれると言われます。

しかし、私たちは天使ではない、完璧ではありません。自分では完璧に見せようと一生懸命自分の弱さを隠そうとしても、人にはけっこう見えているものです。

人間にとっていちばんの誘惑は、「だから自分なんてダメなんです」「だから自分なんて生きている価値もありません」という言葉です。

これは自分をもっとも誘惑する言葉で、悪に近い言葉です。その誘惑に陥らないように、悪に陥らないように気をつけなければなりません。なぜなら、これは人を傷つけるのと同じくらい自分を傷つける言葉だからです。

人を傷つければ犯罪ですから、贖《あがな》いをしなければなりません。けれども、「自分はダメなんだ」と言うときは、自分に刃を向けて自分を傷つけています。

自殺というのは、自分を殺すことではありませんか。それは自分という人間を殺す殺人罪を犯すことです。他人の命を取ったら、贖わなければなりません。自分の命だって同じなのです。

あなたが生きている甲斐《かい》はないといって、自責の念にかられているとしたら、それはあたかも反省しているように見えながら、本当はそうではないのです。自分に刃を刺して、傷つけているのです。そうしたら贖わなければなりません。どうしたら贖えますか。

それは他の人に小さい親切をしていくことです。他の人の良いものが引き出されるように、ちょっとした親切をすることでいいのです。わざとらしくでなく、一ミリでいいのです。誰かのために祈ることだっていいし、すれ違った人の良いところを見出してあげることだっていいのです。

身近な人ほど愛は難しいといわれます。家族にたいしては、つい甘えて、悪いところばかりをオーバーに見て、良いところは認めないというような傾向があります。けれども、家族の良いところに目を向けて、それをきちんと受け止める。職場の人の良いところを認める。そういうことがこの愛に繋がり、自分の贖いに繋がっていきます。まわりがどうであろうと、私たちは常に自分を癒す必要があるのです。

✣ 人間の深いところには素晴らしいものがある

私は一人の神父様に、こういう話を聞いたことがあります。その神父様はドイツ人ですが、若いときに広島で原爆に遭いました。

原爆直後でみんな肌がただれているのに、動けない自分に手を差し伸べて引っ張りあげてくれた。しばらく経《た》ったら、また誰かが、真っ黒になった自転車に乗って、その人も肌がただれているのに、自分を自転車の後ろに乗せようとしてくれたといいます。本当に、原爆直後の人の優しさというのは忘れられないということを、何十年も経《た》った後もよく話していらっしゃいました。

私は阪神淡路大震災の直後に現地に行きましたが、ひと目で、「この人は安全圏にいた」「この人は、たいへんな状況を潜《くぐ》り抜けてきた」というのがわかりました。家族を失っている人や、家が全部壊れて、持っているものがなくなり裸一貫になった人は、誰をも恐れないのです。もう失う物がないのですから。そういう人は本当に優しくて、他人に裸の心を開いて優しさを示せるようになっていました。

人間の中には、その深いところに、素晴らしいものがあります。しかしそれは、人間が生きるか死ぬかの土壇場にならないと、なかなかわかりません。

人間というのは、社会的に地位ができたり、財産ができたりすると、そちらを守らなくてはならないと考えてエネルギーを使います。もう裸一貫で何もない、もう怖いものはないという土壇場にならないと、多くの場合、人間は自分の価値観を変えることができません。

しかし、私たちはそこまでいかなくても、人間らしさを取り戻すことは可能です。布地の縞目は、一ミリから始まります。日常でも、一ミリ、一ミリ、本当に小さいところから他人への優しさを実行することです。

そしてさらに私たちができる大きなことは、苦しんでいる人たちが生きる希望をもち、勇気をもって苦しみを乗り越えていく力が与えられるように祈ることです。病気の人たちが、その苦しみを乗り越えていけるように、気を送ることです。どんな苦しみにも意味があり、人類に貢献しているということに目覚め、苦しいときは苦しみながらも、その辛さを受け入れて、それを乗り越えていく力が得られるように祈り、エネルギーを送ることだと思うのです。

LESSON

10

自分を癒《いや》すことは、人のため

「私は明るく生きたいのだ。明るく生きられる。もっともっと明るく生きられる」と心の中で言ってみます。心というのはとても単純なものです。自分が方向を決めれば、心はそのとおりに従います。

✣ 天使がすみれの鉢を持ってくる

フランス語で「ご機嫌で暮らせるのが幸せだ」という言葉があります。日本語では「ごきげんよう」と訳されます。私たちが本当に機嫌良く暮らせるのは幸せのしるしです。

どんなに苦しいときでも、「なぜこんなに苦しむのか。私は機嫌良く生きたいのだ」と心で思うと、心がそちらのほうに向いていきます。

「私は機嫌良く生きられる。もう機嫌良くなってきた。もっと機嫌良くなりたい」と、無理にではなく、努力もせず、ボーッとしながら、この呪文を唱えてみてください。

ミルトン・エリクソンという世界的に有名な心理学者がいました。あるとき、エリクソン博士の旅行先に、お金持ちのおばあさんが訪ねてきました。

「私はお金に不自由は全くなく、大邸宅に住んでいます。イタリアから取り寄せた見事な家具に囲まれて、コックが毎日、素晴らしい料理を作ってくれます。私は庭仕事が好きでしますが、ほかのことは全部メイドがやってくれます。けれども私ほど不幸な者はいません。寂しくて寂しくてたまりません」とその人は訴えました。

エリクソン博士はその話を黙って聞いていました。

「わかりました。あなたは教会に行きますか？」「時々行きます」「では、あなたが行っている教会で、その教会に属している人のリストをもらいなさい。そのリストに誕生日を書き入れてもらいなさい」と言いました。

「あなたは庭仕事が好きと言ったけれど、園芸の中で何をするのがいちばん好きですか？」

「アフリカすみれを育てるのがいちばん好きです。水やりも大変ですし、そう簡単には増えません。でも私はそれが上手にできます」

と老婦人は答えました。

「家に帰ったら、教会の人のリストを誕生日の順に並べなさい。そして、誕生日が来た人のところに、あなたが育てた花にきれいなカードを添えて置いてきなさい。誰にも見つからないように、そして、誰から来たかわからないようにするのですよ。これが宿題です。そのうちに、あなたがいちばん幸せな人になることを請け負います。もしも幸せにならなかったら、飛行機に四時間乗って、私のところにいらっしゃい」

と博士は言いました。

その老婦人は心が虚《うつ》ろでたまらなかったので、さっそくこれを試してみました。博士から言われたとおりに、今月は誰が誕生日か調べ、きれいな鉢を作りました。そして誰にも見つからないように、朝三時に起きてこっそり鉢を届けました。そのうちに、そのことが町で評判になりました。

この町は素晴らしい町で、天使が誕生日にすみれの鉢をお祝いに持って来てくれる、という噂がたちました。なぜなら誰が贈り主かわからなかったからです。

その人はエリクソン博士に電話をかけて、「誰にも気づかれず宿題は成功しています」と報告しました。博士は「あなたはどうですか、まだ不幸ですか」と聞きました。その人は「えっ、私が不幸だなんて」と驚きました。

「あなたは半年前に私のところに来て、私ほど不幸な者はおりません。お金も立派な家もあるけれど、心の中は空っぽです。生きる張り合いもやり甲斐もなくて、生きていくのも辛くて、こんな不幸な人生はありませんと、私に話したではありませんか」

とエリクソン博士が言いました。

老婦人は「そうでしたね。すっかり忘れていました」と答えました。

✣その人が必要としていることを満たす

三カ月が経《た》ってクリスマスがきました。クリスマスの夜に、その老婦人からエリクソン博士にまた電話がかかってきました。

「先生、今日のクリスマスほど不思議なクリスマスはありませんでした。庭師が大きな門のそばにクリスマスツリーを飾りました。今朝、そのツリーの下に、クリスマスプレゼントがたくさん置かれていました。その贈り物には名前もなんにも書かれていません。でもどれも私が欲しいようなものでした。いつも私がかぶっているような帽子だとか、いつもしている手袋とピッタリ合うスカーフなどが並んでいました。花の種や新しい誕生日カードもたくさんありました。いったい誰から贈られたのかわかりません」とうれしそうに話しました。

町に住む一人のおばあさんが、明日は八十五歳になるから老人ホームに入ろうと家族で相談していました。しかし、そのおばあさんは老人ホームに入ることを寂しく思っていました、そして、とうとう我が家で最後の誕生日を迎え、皆に祝ってもらいました。

ふとテーブルの上を見るときれいなすみれの鉢が置いてあります。おばあさんが「これは誰からのプレゼント？」と聞くと、「天使から」と家族中が笑顔で答えました。そのおばあさんは本当に天使からのプレゼントだと思いました。

自分のことを思ってくれる人がこの家族以外にいる、ということがとてもうれしかったのです。老人ホームに行くのはとても寂しかったけれど、移っていく勇気が湧いてきました。

この家族は、おばあさんの気持ちをあんなに変えるような贈り物をしてくれた人は誰だろうと調べました。するとそれが大邸宅の奥様だとわかりました。何も不自由はしていないだろうけれども、自分たちも同じことをしようと思い、町中で相談して贈ったのです。

「自分の人生の中で、こんなにうれしいクリスマスを迎えたことはありません」と老婦人は言いました。

エリクソン博士は「『おたがいさま』という言葉があるように、あなたは喜んで今日のクリスマスプレゼントをもらっていいのですよ。あなたが庭に種を蒔《ま》くと、その種は花になってあなたのところに還ってきます。

あなたは小さい種をいっぱい蒔いたから、立派な花になってクリスマスに還ってきてくれたのですよ」と言いました。

あなたもエリクソン博士になれます。子どもたちの気持ちがはっきりしないときは、「どうなりたいの。ではこうしてごらん」と小さい提案をすることができます。

幸せを感じたいなら、自分の存在意義を知りたいなら、その人が必要としていることを満たす手伝いをすることです。私たちはその人を愛する、親切にするということで、その人を喜ばせようとします。

しかし、親が子どもを喜ばせることばかりしていると、子どもは育ちません。ときには躾《しつけ》なければなりません。

人間には二歳児のような面が、大人になってもあります。

あれも欲しい、これも欲しいという勝手な欲を満たしてあげるのではなく、その人が本当に必要としていることをしてあげること。その人が人間としてますます成長していくために、必要としていることはなんだろうということを見極めて、してあげることがとても大切です。ときには、「何をしてほしいの」と聞いてみることも必要です。そして、それが本当に人間として満たしてあげられると思うことであれば、それを実行します。

心がもやもやしたり、辛い思いをして死にたくなったり、憂鬱だと思ったら、外に出て、ごみを一つ拾うだけでもいいのです。

カンを拾って捨ててあげるだけでもいいのです。何か小さなことをしてみる。これは人のためならず、自分のためなのです。あなたが機嫌良く幸せならば、あなたの周囲にいる人は皆幸せになります。

いつも私たちは見えない形で波動に乗ってメッセージを出しています。きれいな花は何もしなくても良いメッセージを出しています。波動に乗って私たちに良い気を送ってくれています。

花よりも尊いあなたが機嫌良くいれば、もっともっと良い気を送れます。それは巡り巡って周囲を潤し、気持ちの良くなった人が、あなたにまた良い気を送ってくれます。

私たちは素晴らしい循環の中に生きています。その素晴らしい循環は、心の目で見なければ見えません。素晴らしい循環の中に生きることこそが、素晴らしいことではないでしょうか。

「私は明るく生きたいのだ。明るく生きられる。もっともっと明るく生きられる」と心の中で言ってみます。

心というのはとても単純なものです。自分が方向を決めれば、そのとおりに心は従っていきます。

LESSON 11

魂が魂を動かすとき

「言霊《ことだま》」というように、言葉には力があります。良い言葉を繰り返し自分の魂に響かせるとき、自分が静まり、言霊が自分の中の良いものを引き出してくれます。

✣どうしても読みたい本がある

アメリカで裁判中に法廷内で銃を乱射して、裁判官を含む三名が殺されるという事件がありました。その犯人はすでに犯罪者でしたが、裁判を受けるときに、警察官の銃を奪って乱射、犯人は逃げて行方不明になりました。この事件がアメリカでは連日、大々的に報道されて、その犯人の顔が何回もテレビで放映されました。

それからしばらくして、ある日、二十六歳の女性がその街に引っ越してきました。この女性には子どもが一人いました。その子のお父さんは、その子がまだ赤ちゃんのとき、病気で亡くなり、お母さんは一人で赤ちゃんを育ててきたのです。引っ越しの間、子どもを託児所に預けて、三日目に子どもを引き取りに行く約束になっていました。

二日目の夜に、この女性は自分が引っ越してきた家で、いろいろ片付けをしていたのですが、いつのまにか真夜中になってしまいました。引っ越してきたばかりで食料が何もないので、すぐ近くのスーパーで買い物をしようと外へ出ました。夜中の二時頃でした。前の日の夕方、自分の家に入ろうとしたときに、何か変なトラックが家の前に停《と》まっているなあ、と気づいていましたが、スーパーはすぐ目の前ですから、危険はないと思いました。

家の前に同じトラックが停まっていましたが、中に人のいる様子はありません。けれどもなぜかトラックの居場所が違うような感じがしました。「このトラックは、なぜ停まっているのかしら」と不思議に思いながら、女の人は買い物に行きました。

無事に帰ってきて、家に入ろうとしたとき、そのトラックの中から一人の男が現れました。男は帽子を深くかぶって、女の人の後ろから銃を突きつけ家に入ってきました。

家に入るなり、その男はすぐに女性の手足を縛りました。女性は、「お願いだから私を殺さないで。自分が死んだら、私の子は両親のいない子になってしまうから、私を殺すことだけはしないで」と、大声で叫びました。そうしたら、ガムテープで口も塞《ふさ》がれてしまいました。

その男はソファーに座って、「食べる物を持ってこい」と言いました。けれども女性は手足を縛られているから動けません。さっき買ってきたものの中にあると示すと、男は女性の口にはったガムテープだけ取ってくれました。食べ物を前にすると、男はとても飢えていたらしく、夢中で食べました。その女性は口が自由になったので、「あなたが食べている間、私はどうしても読みたい本があるの。だからそれを読んでもいいかしら」と言いました。

男が「どこにある」と聞くので、女性は「寝室にある」と答えると、「取ってこい」と言います。女性は手足を縛られているので、ぴょんぴょん跳んでいって、その本を持ってきました。そして女性が口で本のページを開いていると、男は食べながら「声を出して読め」と言いました。それは〝The Purpose Driven Lives〟(『人生を導く5つの目的』)という本でした。

女の人は自分が今まで読み続けてきたところを開けて、「たとえ何が起こっても、どうしても読んでおきたいところがあるから、そこを読ませて」と頼みました。そして、その本の中の深い感銘を受けたところを、大声で読みました。

それは人生の目的とは何か、私たちは何のために生きているか、といったかなり難しい本でした。

人間というのは命を与えられ、生かされている存在だ。そして、一人ひとり状況は全部違うけれども、それぞれに使命があり、いろいろな苦しみを経ながら、最後の使命を果たしたときに死ぬ。いちばん大切なことは、他の人に貢献することである。それぞれの形は違うけれども、他の人が「本当に生きているっていいなあ」と思えるようなことをすることが、人間の生きていく使命だ、というようなことが書いてありました。

✣良い言葉には力がある

男は銃を突きつけてきたときにかぶっていた帽子を脱いで、「自分が誰だか知ってるか」と聞きました。それは、毎日、朝昼晩とテレビに出ている、法廷で三人を銃で撃ったその犯人でした。「自分は三人も人を殺したから、これから何人殺しても同じだ」と言います。

その犯人がソファーの上に座って、彼女が声に出して読むのを食べながら聞いていたのですが、「もう一度読め」と言って、同じところを読ませました。

人生の目的とは何か、一人ひとり命が与えられ生かされており、一人ひとりはかけがえのない存在だという、人生を生きていく上で大事なことが書いてある箇所を繰り返し、ゆっくりゆっくり、何回も大きな声で読み続けました。

女性がその愛読書を十回くらい読んでいるうちに、朝が来ました。明るくなってきたので、女性は「今朝早く、子どもを託児所に引き取りに行くと約束してあるから、引き取りに行かせて」と頼みました。

すると犯人は「パンをくれ」と言いました。女の人は手足をほどいてもらって、トーストを焼いてバターを添えて出しました。男は「本物のバターだ」とすごく驚きました。今まで本物のバターなど食べたことがなかったのでしょう。男は「トーストにバターをつけておいしそうに食べ、コーヒーもいれてもらいました。

女の人が「では子どもを迎えに行ってくるから」というと、男は頷《うなず》きました。彼女が家から出ていくのを、男はただ目で追って出してくれたそうです。

この若い女性は外へ出たときに、一瞬、迷いました。警察に知らせようか。でもそれは、自分に何も害を加えないでこの家から出してくれた、その若い男の信頼を裏切ることになるから、警察には黙っていたほうがいいのか……と悩みました。

実は、女性は自首したほうがいいと男に勧めましたが、男はそれに対して何も返事をしなかったのです。結局、女性は、罪を犯した本人が責任を取る必要があると考えて警察に行きました。

すぐに百人を超える警官が、その家を取り巻きました。そのことに気づいた犯人は、自分から手を上げ、静かに、本当に素直に、家から出てきました。そのとき、その女性は門の外にいました。警官に捕まえられた犯人は、目を女性のほうに向けて、ひと言、「ありがとう」と言ったのです。

その姿には最初の猛々《たけだけ》しさはなく、とても同じ人とは思えませんでした。というのも、その家には防犯カメラが設置されていて、その犯人が入ってきたときの猛々しい姿を映し出していました。その姿と捕まえられたときの姿を比べると、まさに内面から何かが変わったような感じがしました。

この女性はおそらく怖くて無我夢中だったと思いますが、繰り返し読まされていた本が大変良い文章だったので、力を与えられたのでしょう。

「言霊《ことだま》」というように、言葉には力があります。良い言葉を繰り返し自分の魂に響かせるとき、自分が静まり、言霊が自分の中の良いものを引き出してくれます。

人間を殺し、さらに何人か殺すことも恐れない、そのような精神状態にある若者の心にさえ響くものがあるということを、この事件は教えてくれました。

全人類は、みんな深いところで一つに繋がっています。私たちが苦しみを乗り越えていくとき、それは他の人にも貢献していきます。

他の人が苦しんでいるとき、あるいは死にたくなるようなとき、もう一度、勇気をもって人生を明るく生きようとする力になっていきます。一人の人が苦しみを乗り越えていくときは、他の人にも希望と新しく生き抜こうとする意欲、力を与えていくと言われています。

LESSON 12

自分に奇蹟を起こすために

毎晩寝る前に、今日一日を振り返ってみて、良かったこと、うれしかったこと、感動したことを三分間だけできるだけたくさん書いてみてください。

✣寝る前に良いことを思い出す

毎晩寝る前に、今日一日を振り返ってみて、三分間だけ、良かったこと、うれしかったこと、感動したことをできるだけたくさん書きます。時計を見ながら、三分間を超えないようにします。

反省ではありません。ここでは反省はしないこと。「今日、きれいなお花を見て良かった、今日は元気で過ごせて良かった、久し振りに大勢の方に出会って元気が出た、お天気が素晴らしくて気持ちが良かった。お食事がおいしかった」、何でもいいですから、そういうことを書きつけてみてください。悪いことは一切書かず、良いことだけを書きます。

そして否定の言葉入れず、全部肯定文で書いてください。

たとえば

「今日は雨が降らなくて良かった」とは書かず、「今日はお天気で良かった」というように書きます。

一カ月書いたら、書いたものを見てください。不思議な発見をしますよ。あなたの手帳には、自分にとって良かったことや、うれしいことなどがいっぱい書いてあります。けれども、あとになって自分の書いたものを見ると、「なんと平凡なことが書いてあることよ」ということに気がつくようになります。

それと同時に、これを一カ月続けると、必ず効果が出てきます。それは、自分がとても生きやすくなっているということです。いつもスカッとした気持ちになり、何だか毎日を良い気分で過ごせるようになったと感じます。

これを続けていくと、自分の中から本当に不思議な奇蹟が起こってきます。人間の中にある素晴らしい力、至福に至る力が、毎日湧き出してくるようになります。

人間は生まれる前から、自分がこの人生をどう過ごすか設計してくるといわれます。私たちは、あの人のせいでこんな嫌なことが起こったと思うかもしれません。しかし、実は生まれる前から、自分が人間としてもっと成長していくために、苦しみを経験し、苦しみを乗り越えていくことを自ら計画していたのかもしれないのです。

私たちがこの世を去って天国へ行くとき、魂が大きな喜びを感じるためには、もっと広い心で愛を深め、自分の中に眠っている力を引き出していく必要があります。この世で苦しみを経ながら、心を広く持ち、愛を深めて、成長を目指して生きていく、それが生きていく意味だといわれています。

私たちに辛いことや苦しいことがあっても、それは乗り越えていくための一つの大きなチャンスだということです。苦しみには、必ず、それを乗り越えられる力と恵みが与えられるといわれます。聖書にも、神は「あなたがたを耐えられないような試練に遭わせることはなさらず、試練とともに、それに耐えられるよう、逃れる道をも備えていてくださいます」とあります。

✣ 小さいことからすべては始まる

行く先々で愛を振りまきなさい。
まず自分の家から始め、
子どもたちに、伴侶に、そして隣人に愛をあたえなさい。
あなたに会いに来る人を幸せな気分にして帰しなさい。

神の優しさをあなたが身をもって示しなさい。
あなたの表情に、まなざしに、笑顔に、
心をこめたあいさつに。

マザー・テレサ

マザー・テレサは、愛とは、何か大きなことをすることではないと言っています。たとえ何億円もの大金を被災地に寄付できなくても、私たちの衣類を送るとか、自分にできることをすれば良いのです。そして、小さいことからすべては始まります。ですからいちばん身近な家族を大切にしてください。家族というのは結構わずらわしいこともあるものです。けれども身内から愛を与えることを始めてみてください。

しかし、それよりも前に、もっとも近い人間関係は、あなたとあなたです。自分と自分との人間関係、これから始まります。ですから自分のことを責めて、「あれも悪い、これも悪い、もっと完璧でなければ、もっとこうしなければ」と自分を苛《さいな》まないでください。自分を責めるということは、自分に対して怒りを持つこと、自分の罪悪感をあげつらうことになります。

まず自分を許すことが大事です。そして自分に優しくしてあげることです。神様の優しさを自分にも示してあげてください。神様は上にいて、「あなたは悪いことをしたから悪い、あなたは良いことをしたからご褒美をあげる」と言うでしょうか。

そういうのは神様ではありません。神様というのは、「あなたは今のままのあなたでいいのですよ」と言って、あなたを愛で包んでくださり、あなたがより人間らしく成長するように助けてくださる方です。神様でさえあなたを裁かないのに、どうしてあなたは自分を裁くのですか。

夜、寝る前に、「こういうことが良かったね、こういうことが楽しかったね」と、必ず三分間だけ書いてください。

自分に神様の優しさを示してください。あなたが自分自身に優しさを示し、自分を大切に扱えるようになるときに、あなたは他の人に優しさを示し、他の人を大切にできるようになります。あなたが接する人に対してのまなざしに優しい愛をこめることができるようになり、あなたの微笑《ほほえ》みから、あなたに近づく人は生きる喜び、生きる勇気を得ていくでしょう。

LESSON 13

幸せに焦点を合わせる

人間は同時にいくつものことを聞くことはできませんし、同時にいくつものことに焦点を当てることはできません。もしも幸せなことに焦点を合わせれば、不幸なことに焦点を合わせることはできません。

✣ 天使が助けてくれる

二週間あまりマニラに行っていたときのことです。私が行ったときは、秋に入る前の、まだ残暑がいちばん厳しいときでした。湿気が多く、暑さが厳しいなかで、毎日毎日、とても息苦しい感じで過ごしていました。

以前、私がアメリカで一年ほど暮らして帰ってきたときには、日本はなんて建物も小さく、道も狭いのだろうと思いました。しかし、フィリピンから帰ってきたら、日本は木々の緑が美しく、建物も清潔で、町を歩いている人たちの服装もきちんとしていて、マナーも良い素晴らしい国だと思いました。

人間というのは、いかに自分が体験したことを基準に物ごとを見るか、ということをあらためて自分を見ながら思いました。私たちは見方を変えることで、同じ物ごとにたいしても感じ方が違ってくるということがわかります。

人間の幸せというのは、何でもない、小さい小さいことにあると言われます。何かすごく良いことが起こったら幸せになれる、というのは大間違いです。幸せとはそんな大きなことではなく、当たり前のこと、小さいことの中にあります。こうして毎日を無事に生きていることの中にあります。もし私たちが目に見えない世界を見る目を持つことができれば、私たちは本当に幸せになれるということを実感しています。

出先で道に迷ったとき、通りがかりの人に聞くと、とても親切に教えてくれることがあります。そういうとき、アメリカでは、あの人はエンジェルだと言います。教えてすぐ消えてしまうからです。たとえば、レストランで食べ物をこぼしたりすると、隣の人がティッシュペーパーをそっと出してくれたりする。すると、あの人は天使だと言います。

天使は、私たちが必要としているときに、その必要をさりげない形で満たしてくれて、すぐ消えてしまいます。いつまでも「私がしてあげましたよ」とは言わない。私たちが落ち込んでいると、天使は知らないうちに見えない形で、そっと肩のところに降りてきます。そして、肩をポンとたたいて「さあ、元気を出しなさいね」と言って、心にエネルギーを与えてくれるのです。私たちがエネルギーに満たされ、ニコニコし始めると、天使はスッと消えていきます。今まで落ち込んでいた人は、天使が訪れると、何も起こらないのに、何だか心が元気になってきます。そしてまた新しい生活へと歩み出すことができるのです。そういう働きを天使はしているのです。この世を去った人は、自分ではお使いにきませんが、そのかわり、天使をたくさん送ってくれます。

亡くなった人たちは、いろいろな人たちに天使になってもらったり、見えない天使を送ったりして、その人への愛情を伝えてくれます。どんなにあなたを愛しているか、どんなにあなたを守っているか、ということを天使を通して伝えに来てくれます。私たちが心の目をつぶらないで開いていれば、それが見えるのです。

✣辛いときは泣いてください

身内の方を亡くしたり、辛い思いでいるときは、大泣きに泣いてください。人生には突然、病気になったり、家族を亡くしたり、会社でリストラされたり、財産を失ったり、ローンが返せなくなったり、子どもが思うようにいかなくなったりと、悲しいときや辛いときがあります。そういうときは心のバランスが崩れます。そんなときは安全な場所で、思う存分、大泣きに泣くのです。日本男児泣くべからず、ではありません。男の人ほど涙を出してください。しばらくは泣くことです。素直な涙ほど心に力を与えてくれるものはありません。

「天使の涙」というのがあります。人が泣いているときは、いつも天使がそばについていてくれます。しかし、いつまでもじめじめ泣かないことです。

たとえば最愛の人と永別したあと、半年間は泣いてもいいです。半年が経ったら、その現状を受け入れる力がつきます。半年の間に天使が必要な力を充分に満たしてくれるのです。

そして半年経《た》ったら、新しい自分の人生を切り開いていくのです。しっかりと涙を流したら病気を受け入れる勇気、苦難を受け入れる勇気が出てきます。そこで勇気をもって立ち直っていきます。その間にも、絆の繋がっている多くの人たちが天使になって、あなたに働きかけてくれます。あなたは一人ではないのです。守られているのですよ、大事な人ですよ、ということを伝え続けていきます。

あなたが元気になったとき、天使になってくれた人たちへ、ご恩返しできるとすれば、それはどんなことでしょうか。

私たちより先に人生を達成して、ゆうゆうと幸せの世界に一歩先に行き、私たちが行くのを待ち受けていてくださる方への最大の供養は、あなたが幸せになることです。あなた自身の生き方の中で、まず第一の義務は、自分を正当防衛で守るということです。それは暴漢から身を守るということだけではなく、日常生活の中で、あなたがあなた自身を正しく幸せに生かし続ける義務があるということです。

日常とは何でもないことなのです。自分の置かれた場で、自分に与えられた重荷、義務、大変なことを荷《にな》いながら、今日、自分のすることを果たしていきます。人間は同時にいくつものことを聞くことができません。人間は同時にいくつものことに焦点を当てることができません。

もしも幸せなことに焦点を合わせれば、不幸なことに焦点を合わせることはできません。自分の中で自分を責める声に耳を傾けずに、あなたを祝福し、あなたに力を与える、姿の見えない声に耳を傾け続けることです。そういう目を持って地上を見るとき、私たちが重荷と思うことすらも荷えるようになります。そして、自分に与えられている使命を、一ミリ一ミリ、心をこめて果たしていくと、そのときあなたの中に調和が生まれ、幸せが生まれます。

LESSON 14

背負いきれないことは、話してしまおう

人生には必ず、一人では背負いきれないぐらい大変なことが起こります。そういうときには、胸の中で抑圧しないで、それを聞いてもらうことが大事です。

✣ 何が生死を分けたのか

タイに行ったときのことです。

私が行った前日に津波が起こりました。当初の仕事の予定を急遽《きゅうきょ》変更して、津波に遭った人たちの心のケアに当たることになりました。そんな緊急事態の中で、私はやっぱり計らわれてタイに来たのだなあと強く感じました。

ちょうどそのころ、私の親しい方の娘夫婦がタイに旅行していると聞いていました。しかも、被害が最大と報道されていたタンパクシリン島へ行くと聞いていたので、大丈夫だったかしらと東京を発《た》つときから心配していました。

向こうへ着いて少ししたら、そのお二人から電話があったのです。

奇跡的に救われた二人が飛行機でバンコクに到着したとき、空港ではすでに津波に遭った人たちを迎える態勢が整えられていました。津波に遭った人が飛行機から降りてくると、全員、タイの国が無料でホテルに送り、その夜はゆっくり眠れるように取り計らってくれました。

この若い夫婦は、波打ち際のテントに泊まっていました。次の日は少し高いところにあるバンガローに移ることになっていたのです。彼のほうは海の中を潜るのが上手な人で、シュノーケルをつけて海へ潜っていました。彼女のほうはテントの中に残って、本を読んでいました。でも彼が見えるように、テントを閉めないでいました。暑いので他の人は皆テントを閉めて中にこもっていました。実は彼女がテントを閉めないでいたことが、救われたいちばん大きな原因になったのです。

そしてもう一つ奇蹟がありました。その前の晩、テントにセイフティーボックスがあるので、その中にお金やパスポートを入れようとしていたのですが、通りかかった人から「危ないから身につけていたほうが良い」と言われました。次の日はバンガローに移る予定だったので貴重品を全部一つにまとめてそばに置いていました。

彼女はテントの中で本を読んでいたのですが、はっと気がついたら、テントの中に波が入ってきて、あっという間に丘のほうへ押し上げられていったそうです。ものすごい勢いで流され、テントが絶壁にぶつかって止まったその拍子に、彼女は放り出され、荷物も放り出されてしまいました。そのとき、少し高いところにいた人たちが、すぐに手を差し伸べて救ってくれたので彼女は助かりました。荷物も拾い上げてくれて無事でした。

しかし、テントを閉めて中にいた人たちは開けることができず、中に入ったまま沖のほうへ流されていってしまいました。テントに入っていて助かったのは、彼女だけだったといいます。何が生死を分けるかわかりません。

彼女が丘に上がるとすぐ波が引きはじめ、白いテントがまるで模様を描くように沖に向かっていくのが見えました。そのときに初めて、自分の夫はどうなったのだろうと思い、体中がガクガク震えてきました。するとそばにいる人がすぐ手を差し伸べて、両側から支えてくれました。その優しさ、その温かさが身にしみたと言います。

✣いつも祈ってくれる人がいる

彼のほうは泳ぐのも潜るのも上手で、水の中を潜っていました。眼鏡で海底を見ていて、はっと気がついたら、まるで新幹線が走るような勢いで海底が後ろに下がっていきます。「あっ、これは自分がものすごい勢いで流されている」と気がつきましたが、気づいた途端に不思議と冷静になったのです。

そのときに彼は、「毎朝、仏壇の前で、おばあちゃんが祈っていてくれるから、自分は確実に助かる」と感じたそうです。

そして冷静になって、今自分がすることは、エネルギーを消耗しないこと、だから流されるに任せて、波の上に浮いていればいいのだと考えたのです。

三十分くらい流されたとき、向こうのほうに黒い岩が見えました。今まで蓄えていたエネルギーを振り絞って、その岩へ泳いでいきました。彼はロッククライミングで鍛えていたおかげで足を擦りむきながらもその岩の上によじ登ることができ、船が通るのを待ちました。

だいぶ経《た》ってから船が来ました。しかし、いくら手を振って助けてと言っても、潮の流れが速くて船が近寄れません。するとは、船の人が「こっちへ泳いでこい」と合図をします。そこで、彼は再び全力を振り絞って泳ぎました。それこそ火事場の馬鹿力を出し、ついに船まで泳ぎ着いて助かりました。そして、タンパクシリン島に戻ってくることができたのです。

実は彼女のほうも最近お父様が亡くなったので、お母さまが毎日、仏壇の前でお水をあげてお祈りしていました。ですから、彼女もまた「お母さんが祈っていてくれるから絶対大丈夫」と思っていたそうです。

人間同士が繋がっているだけでなくて、命あるものがみんな繋がっているということを、この大津波の中で私たちは教えられました。

また、他の奇蹟的な話として象の話をお聞きになった方もあると思います。

タイは象をとても大事にしています。象というのは王様の乗り物です。海岸には観光客を乗せる象が何頭かいます。ある島で、海岸の波打ち際に象が八頭いて毎日、観光客を乗せていました。

象は働いていないときはいつも寝そべって、足に太い鎖をつけて大きな石に繋がれています。

その日、八頭いた象が一斉に立ち上がって、かつて象使いが一度も聞いたことのないような唸《うな》り声をあげたそうです。あとでわかったのですが、それはスマトラ沖で地震が起こった時間だったのです。

それからしばらくして、まだ津波が来ないうちに、観光客を乗せていた何頭かの象と繋がれていた象が、また一斉に唸り声をあげました。象使いたちが見たこともないような動きを見せて、象はその足の鎖を切ってしまいました。そして八頭が全部、観光客を乗せたまま、背中が平らになるように体と体をぴったりと寄せ合って、塊のようになって丘のほうに歩き出したのです。

そのとき、海岸で寝そべって日光浴をしている人たちを、象は鼻でひょいとつまんで背中に乗せたそうです。

象はものすごい勢いで丘のほうへ行き、丘の上に来ると立ち止まって、背中に乗せた人たちを降ろしました。そのとたんに津波がすぐ下まで押し迫ってきて、またワーッと引いていきました。わけもわからず象に乗せられた人と、象が何か不思議な行動をしているというので夢中であとを追いかけてきた象使いと、あと何人かの人だけが助かりました。

本当に深いところで、地球全体が一つのリズムに乗って繋がっています。象たちは、それをいち早く感じ取って、自分たちのできることをして、人をも救おうとしたのでしょう。

✣どんなに怖かったかを話す

私がかつてサンフランシスコにいたときに、大地震が起こりました。そこには聖心女子学院の小学校、中学校、高校がありました。地震のすぐあと、先生は「全員学校に出てきなさい。休んではいけません」という連絡を回しました。幼稚園から高校生までみんなを運動場に集め、三日間は授業をせず、何でも好きなことをしなさいと言いました。

学校では友達や先生もみんな一緒になって、地震のときどんなに怖かったかを話し合いました。自分は何をしていたか、家族は何をしていたか、みんながどんなに怖かったかということを話し続けました。そして先生は口をつぐむ子がいると、「それでそのときどうだったの？」とか「体は痛かったの？」「眠れなかったの？」と優しく聞き、どんどん話をさせたのです。

何か大事なことが起こって、自分では背負いきれないことがあったときに、それを胸の中に押し込めておくということは後遺症を残すもとになります。聞く人があれば、どんなに怖かったか、どんな嫌な思いをしたか、どんなに大変だったかということを話したほうが良いのです。全部話してしまえば、あとで愚痴にもならないし、胸の中はすっきりしてPTSD（心的外傷後ストレス障害）にもならないということを、私はそのとき学びました。

祈ってくれる人がいてくれること、あとで話を聞いてくれる人がいてくれることが、どんなに大事かということです。私たちの人生には必ず何か大変なことが起こってきます。そういうときには、胸の中で抑圧しないで、それを聞いてもらうことが大事だと言われます。

津波に遭った若い二人は本当に怖い体験をしましたが、そのあとで「あんなにたくさんの人の温かさをしみじみ感じたことはない」と言っていました。

東日本大震災が起こったときも、津波から命からがら逃げた人、あるいは、その津波を目の前にして、その恐怖に脅えながらも助かった人たちは国境を越えて、お互い、火事場の馬鹿力を出して助け合いました。お互いを労《いたわ》り合い、「助かって良かったですね」と温かさを通じ合わせました。それが人間の本質だということを感じたと皆口々に語っておりました。

命が危機に瀕《ひん》したときには、自分の中に眠っている力、自分を生かす力が湧き起こってきます。これは日ごろは使っていない力です。温かいお互いを繋ぎとめる愛そのものの力です。お互い同士への思いやり、お互いを本当に大切に思う、そういう温かい愛のこもった思いではないでしょうか。

人間の深いところにある人間の本質というのは、温かく人と人を結びつける働きをします。命あるものはみんな繋がっている。私たちは本質において、そういう温かい愛で繋がっているのだと思います。

LESSON 15

生きる意味、三つの価値

私たちは価値を創造することができます。私たちができるいちばん大きな価値あること、それは祈ることです。祈りは一つも無駄になりません。祈りは大宇宙の波動に乗って伝わっていきます。

✣生きている意味

「すべてのことにときがある。すべては自然の流れにかなって美しい」

聖書の一句です。

私たちは大宇宙の波動の中で生きています。波動に乗っているときは、順調にいろいろなことが進んでいきます。嫌なこともまた、大宇宙の波動に乗って転換し、もっとより良いものに変わっていきます。そのことを学術的な見地から取り上げたのがV・E・フランクルという精神科医でした。

フランクルは、第二次世界大戦のとき、ナチスに捕らえられ、アウシュビッツの強制収容所に入れられていました。すさまじい苦しみと飢餓の中にあって、息たえだえになりましたが、それでも「自分は死ねない」と思ったのです。

「どんな状況になっても、生きていくには意味がある。決して無駄な人生はない。このアウシュビッツで殺される人生だって、意味がある。この苦しみのなかに意味がある。そのことを人に書いて伝えなければ、私は死ねない」と思ったのです。そして、原稿を一生懸命に書きましたが、焼かれてしまいます。その落胆のときでも、「まだ自分は死ねない」と強く思ったのです。

自分に何かするべきことがあるときは、人は死ねません。生き続けられます。もちろん、運命で自分のときが来れば死にます。定められたときに人は死にます。三歳で死ぬのがその子の人生の設計図であれば、三歳で亡くなります。人は自分の設計図どおりに、いちばんいい時期に死ぬと言われます。

フランクルが言いたかったのは、「どの人にも生きている意味がある。どの人も『生きる意味』を持って生きている」ということです。そのことを人に知らせるまでは死ねない、と考えたのです。

自分は何のために生まれてきたのだろう。自分の使命は何だろう。それは死ぬまでわからないかもしれません。でもフランクルが言おうとしていることは、自分の日常の生活の中に「生きる意味」があるということです。

フランクルはやがてナチスから解放されてその哲学を確立し、実存分析の創始者となりました。

✣ 三つの価値

あるとき、フランクルが講演をしていると、聴衆の一人が手を挙げて言いました。

「フランクル先生、あなたは立派な精神科医で、立派なことを人にお伝えになる。だから、あなたには素晴らしい『生きる意味』がありますでしょう。でも私はしがない洋服屋です。だから人生にそんなたいした意味はありません」

するとフランクルは、その人に向かって「あなたは洋服を作るという使命を通して、人に喜びを与えます。新しい洋服を作ってもらった人が、その洋服を着るときの喜びを、あなたは創造しているのです」と答えました。花を植える人は、花を見る人たちに喜びを与えています。人間は必ず何かを創造しながら生きています。

人間は三つの価値を創《つく》り出して生きています。いちばん最初は、創造することができるということです。クリエーションです。私たちは何かを創り出しています。

たとえば、あなたが誰かに微笑《ほほえ》みかけることで、あなたの微笑みを見た人が快い感じを味わうとすれば、あなたはその喜びを創り出しているかもしれません。ちょっとしたお料理を作ってあげることで、みんなを食べさせて元気にしてあげます。あなたのしていることは、いつもすべて創造に繋がっています。それは、あなたに価値があることです。誰でも何かをしています。それが第一の価値です。

すると、一人のデザイナーが手を挙げました。「私はデザイナーです。でも、病気になって、手足が麻痺《まひ》して、デザインすることができなくなりました。創造する価値は、何もなくなりました」。その人にたいして、フランクルは次のように言いました。

「人には創造する価値のほかに、もう一つ、体験する価値があります。あなたはもう作ることができない。でもあなたには、いいものを見透す目があります。何かを見て、これは素晴らしいデザインだとか、誰かが作ったものを見て、それは素晴らしいと感じることができます。素晴らしい絵を見て感動し、味わうことができます。音楽を聴いて、感動を味わうことができます」

それは、いいものに触れる価値です。人間は誰でもそれができます。それが二番目の価値、体験する価値です。私たちは花が美しいと思える、誰かとしみじみ話して、一緒に生きているのはいいなと思える、そんな体験ができるという価値を持っています。人間というのは、自分で体験することができるからこそ価値があるのです。

三番目は、態度という価値です。人間は態度で価値を創り出すことができます。これはフランクルが体験したことです。

一人のおばあさんが入院していました。この人は何もできない病人でした。身だしなみも整えず、髪をふり乱して、ただその日その日を生きていました。そうして毎日、病室の窓から外を見ていました。すると朝の明るい光の中を、サラリーマンがどんよりした目で元気なく歩いて行きます。おばあさんの胸の奥底から突然一つの思いが沸き上がってきました。「今から仕事に行く人たちがあんな態度で職場に行く、それはあまりにもかわいそうだ」。

そのおばあさんは看護婦さんに頼んで、化粧品を持ってきてもらい、髪をといてもらって、きちんとした洋服に着替え、毎日、朝早く、車いすで病院の外へ連れていってもらいました。そして、にこにこして、「おはようございます。行ってらっしゃい。ごくろうさま」と声をかけたのです。道行く人たちは、初めは無視していたのですが、それが毎日になると、ニコニコしておばあさんの所へ近寄ってきて「おはようございます」と向こうから声をかけるようになりました。声をかける人は、目がきらきら輝いているのです。それがまた生き甲斐になって、そのおばあさんは最後まで本当に幸せに生きたとフランクルは言っています。

私たちの内には、三つの価値を創り出すことができる力があります。第一は人に何かをしてあげる、何かができる、創り出す、行動をする価値です。それから第二は何かを体験する、感動を体験する価値。いいものを味わえる、感動を味わう、あるいは嫌な感情を味わう、自然に触れてみる、そういった体験をする力があるということです。第三は自分の態度を変えることで、自分自身や周囲を素晴らしいものに変えていくことができる。フランクルはこの三つの価値を人が生きている意味があることとして挙げ、その哲学をうち立てました。この生きる意味を信じるときに、私たちは生き続けられます。

あのナチスのアウシュビッツに入れられるような極限状態になったら、私たち人間はみんな力萎《な》えて死んでいきます。けれども、そのような状況にあっても死なない人たちがいた、とフランクルが言っています。どういう人が死ななかったかというと、「きっと誰かが自分のために祈り続けていてくれる」ということを確信している人たちでした。

その人たちは、今は孤独ですべてをはぎ取られ、死に追いやられているけれども、自分は孤独ではないと感じていました。家族や友人に会うこともできないし、手紙も書けない、電話もできない。けれど、亡くなった父や母や身内の人たち、あるいは地上で生きているかどうかもわからない人たちが自分と繋がっていて、祈り続けていてくれる、ということを確信していた人たちでした。

この地上の目に見える世界ではなく、心の深いところで人間として命が繋がっている、みんな共に命が繋がり、お互いに助け合っている――ということを確信するとき、人は生き続けられると言います。私たちの存在は波動として、お互いにいろいろな影響を与え合っているのです。

LESSON 16

気は波動で伝わっていく

自分が一日一秒、誰かのために幸せを願って大宇宙から力をもらって気を送る、それだけでもあなたは他の人の役に立つ大切な存在です。大宇宙はいつもあなたを応援しています。

✣心を癒すには時間が必要です

命というものは、すべて神様の愛の溢れとして皆に分け与えられていて、その神様の命で私たちは繋がっています。

私たちの中の宝は、神様の命。一人ひとりが宝なのです。

私がアメリカにいる友人から聞いた話です。鳥かごの中で、二羽のインコがとてもいい歌声を響かせていました。お父さんインコは緑色で、お母さんインコは黄色でした。

春先になって卵が生まれました。お母さんの黄色インコは卵の上に座って卵を孵《かえ》らせ、真っ白い二羽のインコが生まれました。

二羽の親インコの歌声に加えて、二羽の雛インコがまだ舌足らずで囀《さえず》り始めると、とても賑やかになりました。そのうちにお父さんインコは、雛インコを嘴《くちばし》で突いては誘って、羽を広げて飛ぶことを教えました。雛たちは、はじめのうちは下のほうをぴょんぴょん飛んでいましたが、やがて止まり木まで上がっては落ち、上がっては落ちしながら、だんだん止まれるようになりました。そして止まり木の端に緑インコのお父さんが止まり、真ん中に白い雛のインコが二羽止まり、その脇に黄色インコのお母さんが止まって、四羽が並んでとてもいい歌声を響かせていました。

しかしあるとき、ぱたっと歌声がしなくなったと思ったら、鳥かごの下のほうで、二羽の白インコが動かなくなっていました。二羽の雛インコは死んでしまったのです。

すると、お母さんインコはその二羽の白インコの上に羽を広げて、もう一度雛を孵すようにじっと座っていました。お父さんインコは、頭をかごにぶっつけたり、羽が折れそうになるほど狂ったように鳥かごの中を飛び回っていました。その下で、お母さんインコは冷たくなった雛の上に黄色い羽を広げて、見動きせずにそこに座り続けています。そうすれば二羽の雛インコがまた蘇ると思っているようでした。

しばらくの間、親のインコは何も食べなくなりましたが、お父さんインコはだんだん落ち着きを取り戻してきて、少しずつ餌を食べるようになりました。しかし、お母さんインコは食べようとしません。お母さんインコはこのままでは瘦《や》せて死んでしまいます。そのうちにお父さんの緑インコが、黄色のお母さんインコのそばにいって嘴でちょっと突いて動かすようになりました。そして少しずつ動かして、お母さんインコが餌の近くに来るようにしました。お母さんインコは餌を見ると、もう何日も食べていませんから、ふっと一粒ついばみ、それがきっかけになって、また餌を食べるようになりました。お父さんインコは、お母さんインコが食べ終わるまでじっと待って、次にお母さんインコの羽を突ついて止まり木に誘いました。

それからは、お母さんインコが餌を食べている間に、お父さんインコは巣から一本一本藁をとってきて、お母さんインコに気づかれないように、雛インコの白い死骸の上にかけていきました。お父さんインコは、お母さんインコが見ているとその作業をやめ、雛インコから目を逸らせるように、一緒に飛び跳ねたり、止まり木に止まって歌を歌いました。二、三日のうちに、白い雛鳥たちには全部藁がかぶさって姿が見えなくなりました。

飼い主は、親鳥にわからないように、そっと藁の下の白い雛たちを外に出しました。二羽の小鳥たちはそれに気がつかずに歌い続け、雛のことなど忘れたように、再び元気に囀るようになりました。

飼い主は、最初小鳥が動かなくなったときに、すぐに死骸を取り出そうとしましたが、親鳥がものすごく怒って嘴で突つきました。ここで特にお父さんインコは、お母さんインコの心が癒えるように、しばらくの間、喪の作業をしたのです。お母さんが子どもから心を離して元気になっていくように、お父さんインコはまず雛鳥たちを見えないように隠し、その喪の作業をお母さんインコのためにしてあげたわけです。

小鳥でさえも、傷ついた心が癒えるまでには時間がかかります。ましてや人間の場合は、心の傷が癒えるまでには時間も必要ですし、その人の心のタイミングやリズムがありますから、それに添っていくことが大切になります。

✣ 自分の限界を受け入れる

人生すべてうまくいく人など一人もいません。私たちには生きていく上で、いろいろな苦しみが起こってきます。

人は皆波動で生きていきます。エネルギーが下がるときは、不都合なことがあったり、苦しみを感じたり、病気になったりします。でもこういうエネルギーの下がったときの自分も、自分の一部なのだ、自分が思うとおりにいかないときも、これが自分の一部なのだと受け入れ続けて、自分に慈しみ深く優しくすること、それがエゴから離れる唯一の方法だと言われます。

私たちは自分を叱りつけて、もっと良くなれ、良くなれと言っていませんか。そうすることは自分のエゴを強めることです。

たとえば、誰かが病気になったり、あるいは亡くなったりすると、「あのときもっと早く病院に連れていってあげれば」「あのときに、もっと優しくしておいてあげれば」と、自分を責め続けることがエゴなのです。

人間は完璧ではありません。それがそのときできるのであれば、そうしています。でもできなかったというその限界を、自分が引き受けていくことが大切です。「あのとき、あれができなかった。でも今度は、それを学びとしてやるようにしましょう」と、自分で学習していくこと、学んでいくことです。

そして思うとおりにできない、限界のあるその自分に優しくしていくことです。それは自分を甘やかすことではないかと言う人がいますが、自分を慈しんで、この嫌いな自分を受け入れましょう、こんな限界のある自分を受け入れましょうというのは、自分自身への本当の愛なのです。特に親しい身内が亡くなったり、病気になったりしたとき、もちろん悲しいことですが、それはチャンスです。なぜなら自分を責めず、これも自分の一部なのだと自分自身の限界を受け入れながら、でも自分が大宇宙の中で許され大切にされて、今日も生かされている存在なのだということに気づけるからです。

✣祈りは波動になって伝わる

アメリカでこういう実験がありました。心臓病専門の病院で、心臓疾患を持つ四百人近い患者を無差別に半分に分けました。そして半分の患者の名前を全部書き出して、一人ひとりのためにいくつかの教会に頼んで祈ってもらいました。この人たちには、あなたたちのために、どこかで誰かが毎日祈っています、ということだけ伝えました。もう半分の人たちには、そういうことは全然しませんでした。十カ月経《た》ったとき、教会で名前を言って毎日祈ってもらっているグループの人たちは、その間、一度も発作を起こしませんでした。しかし、もう一方の何もしなかったグループは、十二人が発作を起こして、八人亡くなっています。祈ってもらった側からは、一人も亡くなった人は出ませんでした。さらに、この人たちは経過がどんどん良くなっていきました。もう一方のグループでは、経過が悪くなった人が六〇パーセントもいました。

これは一つの実験ですが、はっきりしたデータのもとに公表されています。

私たちは知らない人とすれ違ったときに、ふっと気を感じることがあります。あるいは、グループの中の和やかさが急に陰気になっていくこともあります。ひと言も言葉を発しなくても、気というものは移っていくのです。それと同じように、いい気も波動で移っていきます。ですから祈られていることを知っている人は、それが確信にもなり、支えにもなっています。同時に、実際に祈っている祈りが波動になって、その人たちのところへ伝わっていきます。

自分が一日に一秒、誰かのために幸せを願って大宇宙から力をもらって気を送る、それだけでもあなたは他の人の役に立つ大切な存在になります。大宇宙はいつもあなたを応援しています。

LESSON 17

内なる仏性《ぶっしょう》を輝かせる

その人の中にあるダイヤモンドにあなたのまなざしを注ぎ続けると、中から光が溢れてきます。あなたのまなざしが外側の岩石を通り越して、通路を作ります。すると、その人の内側から光が溢れてきます。

✣この子は家の宝

私たちは波動で波のように人生を生きていきます。良いときもあれば、なんだか調子が下がったなあ、気力がないなあ、力が出ないなあ、と思うときもあります。私たちの人生は波動を描きながら上のほうに上がっていきます。

ここで大事なことは、いかに外の世界でいろいろなことが起こっても、自分自身が幸せだと感じれば、そのような波動に乗りながら、ますます幸せになっていくということです。

智子さんはダウン症で生まれてきました。

三十年以上も前のことでしたから、そのときお母さんはダウン症の子を見たことも聞いたこともありませんでした。赤ちゃんが生まれても、なかなか看護師さんが連れてきてくれません。そして、初めて看護師さんが赤ちゃんを連れてきてくれたときに、看護師さんはベッドのまわりのカーテンを引きました。大部屋でしたが、今までそのようなことはありませんでした。

お母さんはおかしいと思いました。赤ちゃんは不思議な感じのする子どもでした。その子はおっぱいを飲む気力もなく、泣き声もあげず、病室に少しいただけでまた看護師さんが黙って連れて行きました。カーテンをしたままでしたが、それは一人で泣けるようにとの配慮なのだと思いました。泣きたくても涙も出ません。何が起こったのかわからず、心の中であの子は私の子どもではありませんと言いました。

そのあとで、ご主人とお医者さんから、赤ちゃんは障害を持って生まれてきたと聞かされました。

心臓に欠陥があるから、一年生きていられたらたいしたものだ、一年生きていたら恵み以外の何ものでもないと言うのです。ダウン症は遺伝ではなく、染色体の組み合わせが不備だったため生まれるのだということも説明されました。

そしてお医者さんから「この子はお宅の宝ですよ」と言われました。お母さんはそれを聞いて、あの子がうちの宝だなんて、普通の子をもらいたかった、普通の子どもだったらどんなに宝になるかわからないのにと思いました。

家に帰ると、おっぱいもよく飲めない子どもを、お母さんは今日一日生きていてほしいという思いで、一生懸命育てました。ひとときでも赤ちゃんから目をそらすと、大変なことになってしまうので、お母さんは必死で世話をしました。

ある日、親戚の人が部屋の外で、「あの子は家では育てられないから、施設へ預けたほうがいいのではないか」と言っているのが聞こえてきました。

その瞬間、お母さんは、親鳥が小さい小鳥を抱きしめるように赤ちゃんを抱きしめ、「この子は私の子、絶対に誰にも渡しません。私が育てます」と自分の中にはっきりとした決心が芽生えてきました。自分の中に辛さや恨みがいっぱい渦巻いていたのに、この子のために生きなければという母としての気持ちが、深い所から湧き起こってきたのです。

そのとき胸に響いてきたのが、「この子はお宅の宝ですよ」というお医者さんの言葉でした。

「この子は命が短いですから、愛を注ぎ続けてください」とお医者さんは言いました。

一年経ったとき、お母さんは智子が一年生きられたのは、いつも智子が私なしには生きられないと教えてくれたからだと思いました。小さい手を突《つ》き出して、自分を必要としている、それがどんなにうれしく自分に生きがいを与えてくれているかということに気がつきました。

それから、ご両親は智ちゃんを家の宝として大事に育ててきました。お父さんは大きな事業で成功していたので、障害者が働ける工場も作りました。

智ちゃんは養護学校を卒業して、その工場で他の障害のある人たちと一緒に働いています。智ちゃんは子どものように、本当に無心です。周囲にいる人が、ついそばに寄っていきたくなるような雰囲気があります。そしてなぜか手を握りたくなります。

以前、私はアメリカの大きな客船のクルーズで、セミナーをしたことがありました。それは豪華な客船でしたが、夜のうちに航海して、朝には観光地に着きます。そこで上陸して一日観光をし、夕方には帰ってきて、船上で私がセミナーをするというものでした。ご両親は智ちゃんにきれいな場所を見せてあげたいという希望から、智ちゃんと一緒にそのクルーズに参加されました。

仏教では、一人ひとりの中に仏性があると言われます。一人ひとりの中に神おわす、と言います。人間は神の命を分け与えられていますから、神の命が一人ひとりに宿っています。それは宝物であり、光であって、一人ひとりを内から輝かせています。それが人間の本質です。

一人ひとり宝石の光を輝かせながら、赤ちゃんは生まれてきます。しかし成長するにつれ、自分を守るために、自分のまわりに岩石のような殻をつけ始めます。人目を恐れたり、自分を責めたり、もっと良く完璧にと叱咤激励したりしながら岩石の殻を強めていきます。岩石の中には光がありますが、なかなか出てこられません。頑張りなさい、しっかりしなさいというと、ますます殻を硬くします。

こうした現実の中で、あなたのまわりの人に生き生きしてもらうためには、その人の良さを慈しみのまなざしでじっと見つめます。岩石を通り越して、その人の中にあるダイヤモンドにあなたのまなざしを注ぎ続けると、中から光が溢れてきます。あなたのまなざしが岩石を通り越して、通路を作ってくれるからです。そうすると、その人の内側から光が溢れてきます。

智ちゃんはこの岩石を作りません。智ちゃんはいくつになっても、子どもの純真さそのものです。

✣許してください

クルーズの観光で、ストックホルムへも寄りました。そのとき、町のレストランで昼食をとることになりました。私たちの一行は同じレストランに入りました。

そこには同じセミナーのグループで韓国から来た人たちが、先に座っていました。それを見ると、智ちゃんは走ってその人たちのところへ行き、あるご夫妻のそばに座りました。その奥様は韓国の大学でフランス語を教え、ご主人も社会的に立派な仕事をなさっています。智ちゃんは自分の頬を奥様の頬にくっつけて、じっとしていました。次にご主人を抱いて、頬をくっつけました。

しばらくすると、智ちゃんは私たちのテーブルに戻ってきました。私たちはいったい何をしているのかと、智ちゃんを目で追っていました。すると、奥様はさっとレストランを出て、前にある海辺へ走って行きました。それをご主人が追いかけました。

その夜、皆がそろった勉強会のあとで、その奥様が次のような話をしました。私たちには子どももいるのですが、どうしても仲良くやっていけなくなりました。ですから最後の話し合いをする場として、いい思い出を作るためにクルーズに参加しました。これを二人の最後の旅行にしようと出てきました。

船に乗って以来、毎日、二人で話し合って、どこかで和解できないだろうか、許し合えないだろうかと努力しました。

けれども、話し合えば合うほど事態はこじれてしまい、昨日の夜は「もうだめだから別れよう」ということになりました。今朝からは食事も別々にしていたときに、智ちゃんがレストランに来てくれました。智ちゃんが私のところに来て、私を抱いてくれました。

そのとき、まず感じたのは、こんなひどいエゴだけの私でも許されているということです。智ちゃんがこうして許してくれている、自分を認めていてくれる。自分の存在が大宇宙から認められ、許され、受け入れられているのだと感じました。智ちゃんの頬の温かさが伝わってきて、それが体中に広がって、自分の氷のような心が全部解けました。

智ちゃんが夫に寄り添ってくれたとき、夫も許されているのだとわかりました。自分が許すことができなかった夫も、大宇宙が許してくれている、私たち二人はこの大宇宙の中で許されているのだ、ということをとても強く感じました。

そして私は海辺に行って、自分の冷たさ、エゴ、頑固さが解けるほど涙を流しました。すると、夫は黙って私の隣にぴたっと座って、同じように号泣していました。二人の涙が涸《か》れはてたとき、二人で何も説明しないのに、「許してください」と同時に言いました。そして、「結婚したときのように、お互いの良さを認め合って生きていきましょう」と言いました。

そうして、以前に感じた相手の良さが胸の中に蘇ってきました。それ以上に、今は人間同士のいとおしさを感じて、二人は思わず手を取り合いました。「新しい結婚だね。今が新しい人生の始まりだね」と言って、これから新しい人生を始めようということになりました。

智ちゃんがどうして私たちのことがわかったのか、それはわかりません。智ちゃんは私たちのところに来て、本当に心から和解させてくれたのです。

✣ 智ちゃんのミステリー

次の日、私が船内を歩いていると、一人の美しい婦人が金髪を振り乱して部屋のドアをたたいていました。

「こんなコンピューターの部屋があるとは何事だ、コンピューターを海に捨てなさい」とわめいていました。

この船は皆がバカンスを楽しむために来ているはずなのに、コンピューターがあるために仕事をする人がいて、お休みの雰囲気が崩れてしまう、と怒鳴っていたのです。その人は貴婦人のように洗練された優雅な洋服を着ていましたが、心の中には憎しみと怒りと否定的な感情が溢れているのではないかと思いました。

きっとこの婦人は幸せではなく、気に入らないものを見つける度に、自分の中の不満が爆発するようです。

下船の日がきました。私は智ちゃんの車椅子を押しながら船を下りていきました。するとロールスロイスの横にあの美しい金髪の婦人が立っていて、誰かを待っているようでした。

ドアをたたいていたときとはまるで別人のように、気品があり、さわやかな感じがしました。智ちゃんが下りていくと、その貴婦人が智ちゃんのところに走り寄ってきました。

彼女は真っ白い洋服を着ていたにもかかわらず、ひざまずくと、車椅子の智ちゃんの頬にキスをして「アリガトウ、サヨウナラ」と日本語で言いました。そして、しばらく智ちゃんを抱きしめてから、その人は車に乗って去っていきました。

まわりにいた智ちゃんのご両親も私たちも、何が起こったのかわかりませんでした。お父さんは「智子はどこであの人と知り合いになったのだろう」と言い、お母さんは「また智子のミステリーですよね」と言いました。

智ちゃんは思いがけないところでいろいろな友達を作ります。あの貴婦人も、きっとどこかで智ちゃんと出会って癒されたのでしょう。

別れる前に智ちゃんに自分の気持ちを伝えたくて、ボーイさんに日本語を習い、「アリガトウ、サヨウナラ」と言って立ち去ったのでした。

LESSON 18

本物の自分を窒息させないで

自分が頑固になったり、一生懸命に頑張りすぎたりすると、自分を窮屈にして、本物の自分を生きることができなくなります。本物の自分を生きることは、リラックスすることから始まります。

✣ママは何になりたいの？

この前、アメリカでこういう話を聞きました。

五歳の女の子が、お母さんがアイロンをかけているところに来て、「ママ大きくなったら何になりたいの？」と聞きました。

とっさにお母さんは「お母さんになる」と答えました。

するとその子どもが「もうお母さんはママになっているでしょ。そうじゃなくて、大きくなったら何になりたいの？」と聞きました。そこで「じゃ、先生になりたい」と言ったんですが、そのお母さんは学校の先生でした。

「ママはもう先生になっているじゃない。そうじゃなくて、お母さんは何になりたいの？」とまた聞きました。

子どもがそうたたみかけて聞いてくるので、お母さんは答えに詰まってしまいました。すると女の子は、次におばあちゃんのところへ行きました。

おばあちゃんは八十歳を過ぎています。それにもかかわらず「おばあちゃん、大きくなったら何になりたいの？」と言ったのです。

おばあちゃんは「そうだね、安らかに死にたいね」と答えました。

その子は「死んだらこの世にいなくなる。ではその前に何になりたいの。大きくなったら何になりたいの？」と聞きました。

おばあちゃんが「人に親切にする人になりたいね」と答えると、その子は満足して、今度はおじいちゃんのところへ行きました。

「おじいちゃん、大きくなったら何になりたいの？」と女の子が聞いたら、おじいちゃんは「そうだね、鳥を見る人になりたいね」と言いました。

「鳥を見るってどんなことをするの？」

「ベランダに座って、鳥が自分の家の庭でゆっくり遊ぶのをじっと眺めていたいんだよ。鳥たちが楽しく遊べるように、そばで驚かさないように餌をあげたりする、そういう人になりたいね」

するとその小さい子が「おじいちゃんなれるよ、そういう人に。鳥たちが喜んでおじいちゃんのそばに来るよ」と言ったのです。

おじいちゃんは、自分はもう年で、体もろくに動かないので、空を飛んだり、木の枝を飛び回る鳥たちと一緒に過ごす時間が自分にあるなんて想像もしていなかったのです。でも五歳の孫が「おじいちゃんなら大丈夫。そういう人になれるよ」と言ったので、本当になれる気がしてきました。

おじいちゃんは次の日から、家族に頼んで、椅子を置いたベランダに連れ出してもらいました。リウマチで手や足は動かなかったのですが、鳥の餌を買ってきてもらって、ポツポツ撒《ま》き始めました。手があまり利かないから、遠くには餌が撒けません。初めは鳥も近寄って来なかったのですが、毎日そうしているうちに一羽二羽と鳥が飛んでき始めて、やがておじいさんの足下で恐れもなく餌を啄《ついば》むようになりました。

その様子を見て、その子のお母さんは「私は小さい娘が、ママ、大きくなったら何になるのと聞いたとき、答えられなかった。本当に、それに答えられるか答えられないかで、人生は変わっていくんだなあ」と感じました。

そして、改めて自分は何になりたいかを考えました。

何をしても良いから、人に優しく、自分自身にも優しく、何か生きていることが楽しく感じられ、出会う人と心が通じ合って、安らかな毎日が送れる、そういう人がいいなと思いました。そうイメージして心に決めたら、起こってくること、しなければならないことはたくさんあるけれども、それに不満を持たず、軽々と身軽にできるようになった自分に気づきました。

✣自分自身を生きると決める

ある地方都市の病院へ癌の方のお見舞いに私が行ったときのことです。四十代のその方はベッドの上に正座して、手をつき、丁寧に頭を下げて私を迎えてくれました。言葉遣いも丁寧です。お話によると、その地方都市の名家にお嫁に来た方でした。

生家で大変厳しい躾《しつけ》を受けて、ふさわしい名家に嫁いできたわけです。

その方はどのように自分が生きてきたかを話してくださいました。いかに体面を整えるか、隣近所の人から後ろ指をさされないようにすることが大事か。まわりの人の目にどう映るかということが、常に自分の選択の基準にあったと言います。私はその話を聞きながら、病気になるのも無理ないと思いました。

なぜなら、自分を本当に生かすことをしないで、人の目のために生きた人生は、自分の中の本当の自分をいつも窒息させていたからです。自分の中の本当の自分は息つく暇もありません。

本物の自分の欲求には耳を傾けず、自分を生かすことも一切しないで、仮面のような自分が、いつも昔ながらの慣習や体面に合わせながら、人の目のために生きてきたのです。体の中で自分がまったく萎縮してしまっていました。

その方は、手術は問題なかったのですが、その後の放射線が体に合わず、白血球が下がってしまい、その病院では手に負えなくなっていました。

そのとき、お医者さんが言いました。「これはもう人間の治癒できる病気ではありません。これは神様とあなただけの病気で、他の人間がそこに入って治すことはできません。つまり治療は不可能だということです」

そこでその方は、神様と自分の病気なら神様に相談して、この病気を自分で治しましょうと決めたそうです。

その方は私に向かって言いました。

「病気は神様と自分の問題だと聞いたけれど、私は今まで旧家を守り通すために自分を殺して生き抜いてきました。なのに、どうしてこんなに辛い病を神様は私に送ってしまわれるのか。それでも神様は愛なのか、自分は神様は愛ということは信じられません」

人間、誰だってそんな状況になればそう思いますよね。それで私は黙ってその辛い話を聞いていました。

「死ぬなら死ぬで仕方ありません。でも中学生の子を遺しては死ねません。高校生の子は分別もつき、順調に育っています。しかし下の子は受験もうまくいかず、とっても辛い思いをして中学に通っている。だからあの子が、自分でしっかりと生きていけるまでせめて生きたい。このあいだ、その子と別れるときに、胸がもう引き裂かれるようだった」と言います。

私が「その胸が引き裂かれる思いというのは、どういう思いなんですか」と聞くと、「その子がもう命に代えても大切で、その子のために何かしてあげたい。本当にその子が可愛いくってたまらなかった」と言います。

私はしばらくして、「神様は母親が子どもを思う何億倍もの愛で、あなたを包み込んでいるのですよ」と話しました。

それから二、三日して、その方から電話がかかってきました。

「こんなに純粋に子どもを思う気持ちというのは、もし神様という純粋な方がいらっしゃるのなら、その神様の愛からもらったものに違いありません。だから自分では感じとれないけれども、神様が自分を愛してくださっているということを信じます」

「信じる」とは感じとれないこと、実際にはそうは思えないこと、理性を超えるわからないことをも信じることです。

「もしも自分に生きながらえる余命を与えられるならば、そして、お医者さんが匙《さじ》を投げてしまったこの病気が治るならば、後は本当に自分らしく生きて、苦しい思いをしている人のために何かできれば幸せです。きっとこの苦しみは、誰か人のために役立てるように自分に与えられているのだから、命が与えられたならば、自分は人のために生きます」とりりしい声で告げました。

それを聞いたときに、私はこの人は大丈夫だという直観を得ました。

次の朝早く、またその方から電話がかかってきました。

昨日、私と電話で話した後で、お医者さんが「もう一度チェックしてみましょう」

と言ったそうです。その人が自分自身を生きると決心したころから、お医者さんも驚くほど白血球が上がって、それが安定してきたとのことでした。

お医者さんは「なぜこんなことが起こるのかわからない。でもいつ下がるかもしれないから退院してはいけません」と退院許可が出ません。せっかく前向きになった彼女の気持ちがそがれないようその都市に住んでいた私の友人に頼んで、そこへ行って聞き役になってもらいました。その人は彼女の辛い話を温かい気持ちで受け止め、数日のうちに退院許可が出たそうです。

✣リラックスすることから始まる

彼女のように、自分らしく生きることを一切してこなかった人も、癌になってみて、初めて本物の自分を生きることがこの世に生まれてきた使命だとわかったのです。

人間の幸せというのは、自分の中の本物を生き抜くことです。もちろんそれは自分勝手に生きることではありません。

自分の中の深い深いところに耳を傾けて、そうして「あなたが大きくなったら、どうなりたいの？　何年か先にはどういう生き方をしたいの？　そうして今はどういう生き方をしたいの？」という小さい子どもの呼びかけに自分でしっかりと答えを出し、その答えに向かって生き続けること、それが人生を豊かにしていくことだろうと思います。

自分が頑固になったり、一生懸命に頑張りすぎたりすると、自分を窮屈にして、本物の自分を生きることができなくなります。本物の自分を生きることは、リラックスすることから始まります。

今の社会は緊張を強いることがたくさんあります。思いもよらぬ事件も起こるし、しなければならないことも山積みしているし、病気にもなれば、様々な問題がおそいかかってきたりします。

でも、そういった条件には関係なく、たとえ病気であっても、家族に病人がいても、それでも幸せになることができます。どんな状況でも幸せになることができるのです。まず最初に、自分で自分をリラックスさせる、その方法を身につけることから始めていきます。

宇宙の運気の良い波動をイメージし、まずリラックスすること。そして自分はこういう人になりたいんだという意識をはっきり持つこと。

体がリラックスして安定していると、感情もエネルギーもそこへ向かっていくようになります。

いろんな紆余《うよ》曲折があるから、すぐには見えないかもしれませんが、常にリラックスしてありたい姿を明確に意識することで自然に自分がビジョンを描いたようになっていきます。ですから、そういったビジョンを持つということは、とても大切なことなのです。

LESSON 19

人生における「最上のわざ」

「この世の最上のわざは何か、楽しい心で年をとり、働きたいけれども休み　しゃべりたいけれども黙り　失望しそうなときに希望し　従順に平静におのれの十字架をになう」
（イエズス会　ホイヴェルス神父）

✣ 年をとるということ

私たちの人生は、年とともに、日々とともに、永遠のふるさとに旅立つための毎日を過ごしています。

それではこの地上で何を果たして、何をしていったらいいのでしょうか。私たち一人ひとりの使命がはっきりとわからないとするなら、いったいどんな心持ちで、何をして、どのように過ごすことが、もっとも素晴らしい志を果たすわざになるのでしょうか。

イエズス会のホイヴェルス神父さまは、非常に素晴らしい働きをなされ、大勢の人に慕われた方でした。四谷の上智大学で教師として、たくさんの学者をお育てになり、その方々が今も活躍していらっしゃいます。

ホイヴェルス神父さまは、背が高く楚々としたドイツ人で、日本語がお上手でした。ホイヴェルス神父さまを拝見していると、地球上には国籍とか文化の違いはないんだということを、つくづく感じさせられるような方でした。

そのように大変立派な方でしたが、高齢になってから、食事をなさったのを忘れて、食べ終わったあとまた食堂に見えるのだそうです。

「神父さま、もうお食事は召し上がられましたよ」と言うと、「あっ、そうですか」と言って素直に帰っていく。年をとると食べたのを忘れて「いやいや、食べてない、もっと食べる」というのが普通ですけれども、「あっ、そうですか」と言って素直に帰っていらっしゃったというのです。長年の修練というものが、ボケてしまっても、現れるものだと、まわりの人はとても感嘆したというのです。

頭脳明晰で素晴らしい哲学者でいらしたホイヴェルス神父さまが、晩年になって、もっともご自分が多くの人々のため、世のために使われたその頭がボケたというのも、非常に皮肉なことだと思います。

人生は私たちがこうあるはずだ、と思うこととは違うことが起こってくるのです。私たちは自分の意のままになるのが幸せ、思うとおりに物ごとが動き、思うとおりになるのが幸せ、と思いがちです。けれども、そういう方を拝見するときに、世の中とは思うとおりにいくものではない、そして、思うとおりにいかないからこそ、そこに輝き出るものがある。普段見えないものが病気になったときに見えてくる。人のありがたさが、自分が何もできなくなったときに身にしみる。何かを失ったときに、その尊さが見えてくる、ということがあります。

✣「最上のわざ」とは?

あなたの存在は、知らないうちに他の人のために役立っていきます。地上で行える「最上のわざ」が何なのか、ホイヴェルス神父さまが晩年お書きになった詩の一節を読んでみましょう。

「最上のわざ」

この世の最上のわざは何か
楽しい心で年をとり
働きたいけれども休み

しゃべりたいけれども黙り
失望しそうなときに希望し
従順に平静に
おのれの十字架をになう

ここには、高齢になった老人の心境がつづってあります。

私の親しい方が年をとられて、「昨日までは指をここまで伸ばすことができました。でも今日は伸ばせません。明日になるともっと伸びないでしょう。毎日少しずつ自分の持っていたものをお返ししていくのです」と言っていました。

年をとっていくということは、私たちにとって当たり前と思っていたものを、日々返していく辛さを味わうことになります。

それは「遠い先のこと」と思いがちですけれども、私たちが病気のとき、あるいは苦しみに見舞われているとき、物ごとが思うとおりにいかないとき、何か生きていくのが鬱々《うつうつ》としているとき、ここに書かれていることを思い出す必要があると思うのです。

年をとるにつれ、いろんな状況が起こってきますが、心は若々しくいることはできます。まだ元気で体力があり、精神力を持ち、良いものを選び取る判断力を持っている間に、しっかり心に刻みつけておくことは、「年をとるにつれて、思うとおりにいかないこともいろいろ起こってきますが、それもまた恵みである」と思えることに繋がります。

私たちはこの地上の営みを終えて、至福の世界に還っていきます。この地上に生かされているのはわずか百年足らずです。その間に、私たちは「最上のわざ」をできるだけたくさんして、生きていきたいと思うのです。では「最上のわざ」とは何でしょうか。

「最上のわざ」というと、何か大きな功績をあげること、名誉あることをすること、みんなから認められたり、褒めたたえられたり、拍手喝采されたり、そういうようなことと考えがちです。

もちろん、そのような業績をあげること、世に貢献すること、それも大切です。そういった役割を担ってこの地上に生まれてきている人もいます。みんなそれぞれ違う役割を持っています。華やかな活躍をする役割の人もいれば、見えないところで地道に毎日与えられた仕事をしてゆく、縁の下の力持ちになる役割の人もいます。

たとえば大きなジグソーパズルを考えてみてください。パズルが完成するためには、小さいピースが必要です。そして、一つひとつの切られたピースは、一個だけ見てみると立派には見えません。大きいのがあり、小さいのがあり、目立つ色があり、目立たない色があります。

でもどのピースが立派かというと、全部平等です。ただ形が違う、色合いが違う、役割が違うだけですね。そうして、全部のピースがピタッとはまらないと、一つの完成された絵はできません。

そのようにこの地上に生きている私たち一人ひとりは、役割を持った小さいピースです。そして、自分が誠意を尽くすことによって、その絵にはめ込まれていきます。私達は意識していませんが、毎日人類が作り出す絵ができていきます。

そしてまた明日も、新しい絵ができていきます。自分の役割をそこへはめて、役割を果たしながら、そして、毎日みんなが協力して作り出す一つの大きなできごと、風景、そして「最上のわざ」が成し遂げられていくのです。

私たちにとって、みんな役割こそ違え、人間は誰もが同じに尊いのです。ダメな人は地上に一人もいません。どんなに年をとっても、どんな病気になっても、どんなに嫌なことが起こっても、自分がどんな失敗をしても、嫌な人間になっても、恨んでも、怒っても、何をしても、あなたはダメですという人は、一人もいないのです。

✣ 楽しい心で過ごす

私たちが「最上のわざ」を目指そうとするとき、また違った意味で世の中に大きく貢献できます。それはいったい何でしょうか。自分はいったい何をしたらいいのでしょうか。何をすれば心満たされ、充足して生き甲斐を感じるのでしょうか。

まず「楽しい心で年をとり」、これがいちばん先に出てきます。何もしなくてもいいのです。一生あなたが楽しい心で過ごしたならば、もうあなたの人生は大成功、そして人類に大きく貢献していきます。だから楽しい心で日々を重ねていくことが大切です。

では、どうしたら楽しい心を続けることができるでしょうか。

自分が意識しなくても、生きていく上では多かれ少なかれストレスが起こってきます。そうすると緊張して体が硬直してきます。

一方、日常生活で、何かほのぼのと体が楽になっていると感じるときがあります。そのリラックスして、アルファー波が出て、楽しいと感じているその時間、その感覚、心と体の感覚を覚えておきます。その楽しい感覚をよく覚えておいて、ストレスを感じているときに、そういうリラックスした状態に自分を持っていく。何気ない楽しい時間を日中でもなるべく長く持つ、そういうことが自分の人生における「最上のわざ」になっていきます。

悩むことが好きな人もいますが、悩みが起こってきたら、苦しいことがあって当たり前、この苦しみは必ずいいことに繋がっていくんだと頭で自分に言い聞かせます。そして、楽しい時間に作り替えようと考えます、感情はそんなに混乱していても、沈んでいても、悲しくても、憤《いきどお》っていても、頭で考えることができます。

私たち人間には頭と心と体があります。その三つを調和させ統合しながら、素晴らしい働きをするものに魂があります。

私たちの中には素晴らしい魂という輝きがあって、いざというときに魂が輝いて、深い知恵と力を私たちに与えてくれます。魂はすべての人の中にあり、魂のない人はいません。

魂というのは素晴らしい輝きのものです。ですから私たちが日常で「最上のわざ」をなすということは、行動にも考えにも、それから感情にも、魂の輝きを反映させて光らせることです。

そうすると、別に何を話すわけでもないけれども、まわりの人はあなたと一緒にいるだけで、とても一緒にいるのが幸せだと感じます。あなたが幸せの発信地になっていくのです。

LESSON 20

自分を一ミリ広げ、一ミリ受け入れる

大宇宙は循環していますから、私たちの人間関係も循環していきます。自分が落とした種は、必ず循環して、どこかで実になって、また戻ってきます。それは、今ではなく、子どもの代かもしれません。

✣ 一生を生き抜く力が与えられている

私たちは自分の心を愛で満たすために、また自身が幸せになって他の人に何か貢献し、愛を広げるために、この世に修行に来ていると言われます。

修行というのは、自分の思うとおりにいかないことをやり遂げていくことですが、けっこう苦しいことがつきまといます。ですから、この地上に生きている限り、すべてが思うとおりになることはあり得ないというのが前提になっています。思うとおりにならないことの中でも、とりわけ苦しみの元になるのは、血の繋がっている親子が思うとおりにならないということがあります。それがいちばん大きな修行になっていくのですが、それは辛いことです。しかし、やり甲斐のある修行です。

いろんな対立があって当たり前、思うとおりにいかなくて当たり前、それを乗り越えて、自分が少しだけでも、そうした苦しみを受け入れていく。一ミリ受け入れることで、一ミリ社会に貢献しています。

私たちはものごとに対して必ず決まった見方をしています。たとえば、どこか新しい家に引っ越したとします。そうすると、自分の家から駅に行く道が十通りあったとしても、三日のうちに、必ず通る道を決めてしまうと言われます。私たちはいろんなことを決めるのが好きなのです。そして、それにしがみついていきます。

あるヨーロッパの大きな教会で、一人の人が真ん中の通路寄りの席でお祈りをしていました。千人も入る教会でしたが、他には誰もいませんでした。すると、お祈りしている人のそばで、トントンと杖を突く人がいます。お祈りしている人が目を上げると、おじいさんが杖を突いて、「これは私の席だから、私の席を取ってはいけない」と、自分を追い出そうとしているのです。でもまだ千も席は空いているんです。お祈りをしていた人はまわりを見回して、「まだ他にも席はいっぱい空いているじゃありませんか」と言うと、

「いや、ここは私の席だ。いつも私はここで祈るんだ」と言いはりました。

このように、人間というのは自分の席を決めると、そこにしがみつきます。そして自分の考えがいちばんいいと思いがちです。しかし子どもは親とは違う感じ方、物ごとの見方をします。新しい人間学であるエニアグラムは、人間の価値観には九つあって、一人ひとりが違う根源からつき動かされているので、自分の思うとおりに人を動

かしたり、思うとおりに人を正そうとしても無理だということを示しています。

人の性格を分類したエニアグラムでは、その人を生涯にわたって生かし続ける力を、一人が九つのうち一種類もらって生まれてくると言われます。その力によって、私たちは一生を生き抜くことができるのです。

✣人も動物も共に生かされている

モンゴルに行ったときに、大変印象深い経験をしました。モンゴルの平原は何もない、どこまで行っても草っぱらなのです。ゲルというテントの中には、ただ簡易ベッドが置かれているだけです。夜も遅くまで明るく、朝は早く明けます。

あるとき、私が簡易ベッドで寝ていたら、頭の上で荒い息が聞こえるので、はっとして目が覚めました。すると、馬が私の顔のそばで、大きな息をしていたのです。

モンゴルの中では、人間も、馬も、牛も、羊も、みんな一緒に生きています。野菜もないし、花も一輪もないし、木もないし、草ばかりです。草のいちばん上を馬が食べます。茎のあたりを牛が食べて、下のほうを羊が食べて、草の根はみみずなどが食べて、みんな共存しているというのです。

同じように、人間の社会というのは、いろんな根源の違う人たちがいます。子どもたちは同じ人間だけれども、エニアグラムでは親は陸の上の猿で、子どもは海の中の鯨だったということもあるわけです。

鯨に「陸に上がってこい」と言ったって、鯨は大きな胴体で陸に上がれません。いかにお母さんが「こうすればいいのよ、ああすればいいのよ」と、子どもに呼吸の仕方を丁寧に教えたって、鯨は陸では生きることはできません。しかし、私たちは自分と同じように他人を見るということを、けっこうしているのではないでしょうか。

私たちは一度に立派になれないし、聖人になることも恐らくないでしょうが、自分の置かれた場で、ちょっと考えを変えることはできます。物ごとを違う視点で見ることで、自分を広げることができます。

✣行動に対しては怒っていい

ある大学生の娘が深夜零時を過ぎても帰ってこないので、お母さんは娘が事故に遭ったのではないかと、心配でたまりませんでした。その娘さんは夜中の二時になってやっと帰ってきました。

お母さんはそれまで、心配と怒りで胸の中がいっぱいになっていました。しかし、玄関に無事に立っている娘を見たとたんに怒りがどっと出て、「こんなに心配しているのに、今までどこに行っていたのよ」とものすごい勢いで怒鳴ったのです。娘は「そんなこと言うなら、もう帰ってこない」と言って、電車もないのに家を飛び出してしまいました。そして近くの友達の家に行きました。

その娘さんに私は、「何が起こったのですか?」と聞きました。その娘は、新入生の歓迎会に行って、一人の学生が飲んだこともないお酒を飲んで、気分が悪くなって救急車で運ばれたので、ついて行き、それから、その友人を家まで送って行ったので遅くなった。タクシーでようやく家に着いたとたん、お母さんがいきなり、わっと頭ごなしに怒ったので、そんな親のところには帰りたくないと言いました。

「お母さんがどんな気持ちだったか、あなたがお母さんの気持ちになってお母さんの役になって演技するとしたらどうでしょうね」と私は言いました。

「あ、それはすごく心配します。怒ると思います」と娘は答えました。「でも、私が帰ったとき、なぜお母さんはあんなに怒鳴りつけたんでしょう。無事に帰ってきてくれて良かったと言ってくれたら、私もうれしかったんです」と言いました。

私はお母さんにも同じ質問をしました。「お母さんがいちばん最初に、玄関で無事な娘を見たときに、どんな気持ちがしたのですか？」と聞くと、「まず、ああ良かったと安心し、今まで胸の辺に固まっていた不安と恐れが全部スーッと消えて、体が楽になりました。そのとたん怒りが湧き出してきて、怒りをぶつけましたした」と言いました。

「どうしたら親子の間がうまくいくと思いますか？」と聞くと、そのお母さんは「ああ、良かった、としみじみ感じた、あの思いを娘に伝えてあげればいいのでしょうね。でも親としては沽券《こけん》にかかわるから、そんなことはできません」と答えました。

親として娘に「良かった」という気持ちをひと言伝える、それがとても大事なことです。その後でなら怒っても良いのです。親が真剣になって怒るということも大事です。でもそのときに、行動の部分は怒っても良いけれども、その子の存在は親にとってとても大切なんだということを伝えておくことが大事です。

私たちが子どもを育てるということは、子どもが自立していくこと、親も自立していくことです。お互いにそれぞれ違う人間として幸せを味わい、そしてお互いに幸せを分かち合えるようになることが、生きる目的でもあります。

✣春の使いになって

「げんげ」

ひばりききききつんでたら、
にぎり切れなくなりました。
持ってかえればしおれます、
しおれりゃ、だれかがすてましょう。
きのうのように、ごみ箱へ。
わたしはかえるみちみちで、
花のないとこみつけては、

はらり、はらりと、まきました。
——春のつかいのするように。

金子みすゞ

私たちは日常生活の中で、いいものがあるとつい自分のものにしたくなります。それが満足感に繋がっていきます。でも欲を出すと花が手に握れないほどいっぱいになって、萎《しお》れて役に立たなくなります。ゴミ箱に捨てなければなりません。

人間の幸せというのは、八分くらい満たされて、もうちょっとあれがあればいいな、もうちょっとお金があったらいいな、もうちょっとうちの子がこうなればいいな、というくらいがいちばん幸せだと言われます。

私たちは、ひばりを聞きながら、幸せの花を摘みます。摘んできてそれに執着しない。いいなあと思ったら、道々それを蒔《ま》いて行きます。でも、花が咲くのがいつかわかりません。あなたが花をそこに捨てたおかげで、種になって花が咲きましたよとお礼を言ってくれる人はいません。

春の使いのすることは誰も知らないけれど、必要なところに種を落としていくのです。そして時期がくれば芽が出て花が咲く。あなたには直接返ってこないかもしれません。でもそこを通る人は心穏やかになります。

大宇宙は循環していますから、私たちの人間関係もみんな循環していきます。それは今ではないかもしれません。子どもの代かもしれません。しかし、自分が落としたものは必ず循環して、どこかで実になって、また戻ってきます。

私たちは春の使いになって、すぐに実りを求めず、自分にちょっとエネルギーのゆとりがあるときには、人に優しい言葉をかけたり、どの人の中にも良いことを見出すような目を育てることです。ゆとりがあるときにはそれができるのです。

LESSON 21

幸せは自分の手の中に保証されている

自分のことだけを考えていると、池にたまった水と同じで、いつか腐ってしまいます。他所《よそ》を潤すために出口から水が流れ、清水が湧き出ていれば、それはかすかなものであっても、その池の水は決して腐りません。

✣ 絶望の中でも三分で幸せになることができる

人間は少しでも他の人のために何かできるとき、幸せになると言われます。自分のことだけを考えていると、池にたまった水と同じで、いつか腐ってしまいます。他を潤すために出口があるからこそ、水は流れていく。そして清水が湧き出ていれば、それはかすかなものであっても、池の水は決して腐らない。だから自分だけが、あるいは自分のまわりだけが得するというのではなくて、ちょっと他の人のために尽くす。

してあげようとかいうのではなくて、まず自分が幸せになる。自分が生き生きし、幸福を感じることで他の人にも喜びを運ぶために貢献する、という、そういう決心をすることが大事だと思うのです。

次にご紹介するのは本にもなっているアメリカ人女性の話です。交通事故で右足を失った彼女は病院に行きました。膝から下がなくなって、義足をつけることになっていました。三十代で結婚もしていませんでした。その人は片足を失って、もう自分の人生はめちゃくちゃだと、絶望感にとらわれて病院に行きました。

すると、病院の待合室で、眼帯をかけている男の子がお母さんと一緒にいました。子どもは片方の目を覆っているにもかかわらず、まるで目が不自由でないかのように、すいすい歩き、けっこう楽しく遊んでいるようです。

お母さんに「目はどうなさったのですか？」と聞くと、「癌性の病気になって、片目がないんです」という答えが返ってきました。でも子どもは目がないなんてぜんぜん感じさせずに、楽しく遊んでいます。子どもに「あなたは目がないんだってね」と言ったら、「うん、僕は目がないんだけど、海賊のキャプテンなんだ」と言ってニコニコしていました。

彼女はこの言葉が心に響いて、ショックを受けました。この男の子は目がないにもかかわらず、海賊のキャプテンとして生き生きと遊んでいる。自分もこの男の子の真似をしてみようと思いました。待合室でなかなか自分の番がこないので、立ち上がってイメージしてみました。

それまで自分でイメージする訓練をしていましたが、どうしても自分の人生が素晴らしいものだとイメージすることはできませんでした。みんなは生き生きと会社で働いている、あるいは結婚をして幸せになっている。あるいは子どもを持って幸せになっている。それにもかかわらず、自分はこんな不幸な目に遭っていると思い込んでいるので、素晴らしい人生など、どうしてもイメージできませんでした。

でもそのときに、目を失った男の子の真似をしようと立ち上がって目をつぶり、自分も、宝島のキャプテンだと思い込んでみようと思ったのです。

堂々と立って、大きな船を率いて、自分は宝島に着くところなんだと想像し始めました。すると、自分は片足がなくても背筋を伸ばして堂々と立てる、そして心の中が生き生きしてくるのを感じました。何だか体中にエネルギーが満ちてきて、足がないから自分は不幸せだ、足が元のとおりにならなければ幸せはこない、と思い込んでいたのが、いかに愚かであったかということにハッと気がつきました。

海賊のキャプテンになりきっている少年によって、足があろうがなかろうが、自分も自分を幸せにすることができるのだと気がつきました。それはわずか三分間くらいの間のことでしたが、イメージができ、自分は本当に幸せになれるという確信に心が切り替わっていきました。

順番が来て診察室に入るとお医者さんから、「義足にしますかね」と言われました。するど、それまでは義足をつけることにものすごく恐れを抱いていたにもかかわらず、「義足があれば本当に楽になりますね」という言葉が自然に出て、そういう自分に驚いたそうです。

お医者さんは、義足はなかなかうまくいかないので大丈夫かなという懸念があったそうですが、彼女が生き生きしているので、ホッとしたということでした。人間は三分間のうちに心を切り替えることができるのです。自分がどんな状態であっても、自分を幸せにすることができるのです。

✣どんな町から来たのか

これも有名な物語ですが、大きな町の入り口で、一人のおじいさんが石の上に座っていました。一人の旅人がその前を通りかかったとき、おじいさんに聞きました。「これから入っていく町は、いい町でしょうか。幸せを与えてくれる町でしょうか」

そのおじいさんは「あなたがいた町はどんな町でしたか」と聞き返しました。

すると旅人は、「自分が出てきた町は、とっても嫌な町で、もう生きにくくて、意地悪な人もいっぱいいいました。だからこの新しい町に移ってきたんです」と言いました。おじいさんはひと言、「あなたの行く町は、あなたが来た町と同じですよ」と答えました。そしてそのおじいさんはそこに座り続けていました。

次にもう一人の旅人が来ました。そして同じように、「これから私が入っていく町は、いい町でしょうか。それとも嫌な町でしょうか」と質問しました。

すると、おじいさんは同じように聞きました。「あなたが出てきた町はどんな町でしたか」。その旅人は、「おじいさん、私が出てきた町はとってもいい町でした」と答えました。

おじいさんはにっこり笑って、その旅人を見てひと言、「あなたがこれから入っていく町も、出てきた町と同じようにいい町ですよ」と答えました。

この話は、私たちの心がすべてを決める、ということを物語っています。

今まで住んでいたところを嫌だ、嫌だと思い続けていれば、その思いが自分の心の中を占めて、これから行く先も、また嫌だ、嫌だという思いに塗りつぶされていきます。私たちが新しい心で町に入っていけば、その町は心どおりの町になっていきます。

この話は、もう一つのことを語っていると言えます。私たちは、健康になり、自分の思いどおりになり、人も自分の思うとおりにいい人になってくれなければ、自分の幸せは来ないと思っています。

幸せというのは、外の世界が変わってくれることだと思いがちです。でも人は自分の思うとおりには変わってくれません。人間関係というのは鏡だと言われます。こっちの反応が向こうに写って、同じ反応が戻ってくるわけです。山びことおなじです。こっちが怒鳴れば、向こうからも怒鳴り声が返ってきます。

物ごとは自分の思うとおりにはかどらない。そうして思うとおりにいかないときは、いらいらしたりします。

しかしそんな辛い苦しいことにエネルギーを使う代わりに、自分の心の持ち方を変えるだけで、まわりが変わっていきます。

ということは、私たちは自分の手の中に幸せを持っているということを保証しています。私たちはどのようにしたら自分の心を切り替え、自分を大切にできるのか。その鍵になる具体的な方法を、学んでいきたいと思います。

✣ 陰と陽のバランスをとる

世の中には陰と陽があって、プラスとマイナスで物ごとが成り立っています。飛行機もすごい風圧がなければ飛び立っていきません。世の中は抵抗があるから物ごとが成り立っていくのです。大きな事業も、大きな抵抗があるときに大きなことがなされていくといわれます。伸び上がっていくのが陽であるとするならば、それを伸び上がらせまいとする陰という力も必要です。陰と陽がバランスをとっていくことが、この世の中ではとても大事なことになっていくわけです。

ある大きな企業で苦情係りをしている女性がいます。大きな会社では、この苦情係りの仕事はとても大切で、それによって会社が評価されます。苦情を訴えてくる相手を、穏やかな気持ちにして帰っていただくには、係りの人は常に話に集中して聞かなければなりません。その係りの女性は優秀で温かい方ですが、人間ですからストレスがたまってきます。

その女性はストレスがたまると、顔に湿疹《しっしん》ができます。若いお嬢さんですから早く治したいと思って、病院に行って治してもらおうとしました。

でもあるとき私は、「あなたはこの湿疹に守られているんですよね」と言いました。湿疹が出るとストレスがたまったと思って、早く寝るようにしたり、食事や健康に気をつけます。湿疹ができなければ、働きすぎてしまい、体にどんどんストレスがたまって、ハッと気がついたときは大病になっているかもしれません。癌になっているかもしれません。病気というのは、その人を守っていてくれます。行きすぎないようにと、いろいろなことから守ってくれています。何がいいのか、これこそいいと思うことが、案外そうではないということがけっこうあります。

私たちが今、置かれている場の中で、たくさんいいことがあるということに目を向けていくこと、それが私たちを幸せにしてくれる大きな力になります。自分は決して一人では生かされていない。いろいろな人に生かされているのです。

きしきしと、牡丹つぼみを　ゆるめつつ　　山口青邨《せいそん》

「きしきし」は一ミリ、また一ミリということです。牡丹はあの素晴らしく大きな牡

丹に花開いていく。その牡丹は、パッとは花開きません。この「きしきしと」という音の中に、静かに少しずつ、少しずつ、つぼみが花開いていって、あの大輪の花になるという情景が歌い込められています。

私たち一人ひとりの人生がこの大輪の牡丹だとするならば、自分が幸せになり、あなたのそばにいる人が、あなたの存在ゆえに幸せになっていく。あなたが幸せの発信地になっていく。その小さい努力が「きしきしと」ということです。

あなたというつぼみが花開いて、大輪の花になるときは、死ぬときです。人生を完結させて、素晴らしい花になっていく。あなたの後から続いてくる人に、思い出の中に種を残していって、その人たちがまたその種を生かしていく。私たちは大輪の花を死ぬときに開かせるために、つぼみを今一瞬一瞬、きしきしと小さい音を立てながら、少しずつ花を開かせていきます。

小さいことから花は開いていくのです。一度に大輪の花を咲かせようと大ごとを望まないでください。幸せは一ミリずつ、少しずつ変えるだけでもあなたのもとにやってくるのですから。

LESSON 22

人生に失敗はない

「慣れ親しんだ感情」、たとえば不安、恐れ、絶望感、無価値観、そういう感情に振り回される必要はありません。これは、昔の名残が湧き起こってきたのだ、今は自分で自分を幸せにできるから大丈夫と、切り替えます。

✣ 問題はどこでも起こる

人生を変えるのは大きなことではなく、小さな一ミリを変えることで、状況は変わっていきます。

何を一ミリ変えるかは一人ひとり違います。いろいろあるなかで、自分は何を一ミリ変えるかを考えてみてください。一ミリ変えることで、不思議と人生はまったく新しいものに変わっていきます。

私たちがまずすることは、人を変えることでも、状況を変えることでもありません。内面が穏やかで平和なら、外の人間関係はみんな良くなっていきます。ですから、自分の内面を整えて、自分のうちに秩序と穏やかな調和をもたらすことが大切です。それが外に出て広まり、また外からいいエネルギーが自分の中に入ってきます。自分の中を変えようとすれば、いくらでもその方法はあります。たった一ミリですから、そんなに大変なことではありません。

問題というのはいつだって起こります。どこの社会でも、どこの家庭でも起こります。あるときは順調かもしれませんけれど、あるときは辛い時期がきます。自分自身との関係もそうです。人間である限り、世界に起こっていることは、みんな自分のまわりにも起こります。人間同士、いちばん愛が深い家庭や愛し合う人たちの中にあっても、世界で起こっているようにいいことも悪いことも必ず起こります。しかし、自分自身の中に調和があれば、必ず外に溢れていきます。

世界の平和とは、まず自分自身と仲良しになることです。自分自身を本当の意味で大切にし、自分と仲良しになり、自分の中に調和と平和を作り出すようにする。そしてまわりの人に調和と平和をもって接するようにしていく。それ以外に世界の平和はあり得ないのです。

ですから、私たちは自分が変わり得るということを理解すれば、自分が変わることでまわりも変わるという希望が湧いてきます。

もし、まわりが変わらなければダメだということなら、私たちはまわりを変えることができませんから、人生は絶望的です。しかし、自分は自分で変えることができます。自分が本当に一ミリ変われば、相手は十ミリ変わっていくのです。そのように、私たちは希望のある中で生きています。

✣ 慣れ親しんだ感情に気づく

幼い頃、誰でも経験することですが、母親が忙しくしているときに、話を聞いてもらおうと近くに行くと、「忙しいから、あっちへ行って」と言われることがあります。これをいつも繰り返されると、子どもの心に、親はいつも自分の話を聞いてくれないのだという印象が植えつけられます。

そして、大人になっても、自分はいつも親から放りっぱなしにされたという感情を抱いたまま過ごします。これが「慣れ親しんだ感情」と言われるものです。私たちは、このような自分のなかにある「慣れ親しんだ感情」に落ち込むと、安心します。自分らしさを感じます。これが小さいときから、いちばん強く感じた感情だからです。

私たちは大人になって、その感情が湧き起こってくるのを無意識で感じても、それに気がつきません。あまりにも慣れ親しんでいるので、そこに注意を払わないのです。

そのような感情が起こってきたときは、それに気づき、「あ、この感情は子どものころの、このところに根があるのだ。自分はもう大人なのだから、それに振り回されなくてもいい。振り回される必要がない」と決心することが大事です。意識的に決心すれば、自分はいつからでも変えることができます。

「私は自分で自分をもっとサポートできる。自分を幸せにできる力が、大人になった私にはあるのだ」と、その度に、自分を切り替えていくのです。

どういうときに「慣れ親しんだ感情」が起こるかというと、自分の中で自分を信じないときです。ちょっと失敗をしたり、ミスをしたと後悔したり、反省したり、何か自分を小さく感じているようなときです。

人は何とも思っていないのに、なぜかそういう感情を引き寄せるようになります。感情の根はだいたい自分の中にあります。憶測をして自分の中に不安をかきたてる。それは「やっぱり自分は無価値だ」という証明になるのです。そして「やっぱり」という結果を招いて安心する、というメカニズムが誰にもあります。これはみな共通のメカニズムです。ただし、味わう感情は幼児体験の根にあるところによって違います。

恐れになったり、不安になったりしますが、最終的には無価値観に結びついていきます。そして、子ども心に思い込んだ感情によって、大人になっても振り回されていきます。

✣人生に失敗はない

私たちは自分が不幸だ、不幸だ、と思いがちですけれど、それはあなたという存在の身体感覚か、あるいは感情か、考えごとにすぎません。あなたという存在は、一ミリたりとも汚されもしなければ、悪くもなっていません。あなたという存在はいつだって大切な存在です。ですから、感情とか自分を縛りつける考え方、あるいは肉体の痛みによって、自分はダメだと思わないことです。

不況のときに、夫婦でクリーニング屋を始めた人がいます。借金をして、小さな自分の家と店と車をローンで買いました。けれども、不況はますますひどくなって、店は倒産し、ついには、家も売らなくてはならなくなりました。

奥さんのほうは、小さいときに親が夜逃げをするような状況があって、三回くらい自分の住んでいた家から逃げ出さなくてはならなかった。そういう辛い体験をしていたので、夫と結婚するときに、たった一つ起こってほしくないものは、自分の家がなくなること、家から追い出されることがないことだったのです。恐れているあまりそれを引きよせてしまって、結局、追い出されるような事態になってしまいました。

この奥さんは、つくづく、自分は高校しか出ていないし、才能も何もない、自分なんてダメだと思って、その場にしゃがみ込んでしまいました。そのとき、子どものころに家から追い出されたようなことだけは、どんなことをしても避けたいという気持ちがまた起こってきました。自分の二人の子どもたちには、家から追い出されるような思いはさせたくないと思ったのです。

そして、今、何をしなければならないか、自分は今いったい何ができるだろう、と小さいときからのことを思い出してみました。

この人は高校のときに新聞部に入っていて、先生からあなたはなかなかの文章の才能があるから、ジャーナリズムを勉強したら、と言われたことを思い出します。でも経済的な理由から、大学にも行けなかったので勉強できなかったけれど、たった一つ、先生が言ってくれたその言葉だけが宝かもしれないと思いました。

それから、いろいろな苦労がありましたが、この奥さんは広告業を仕事にして、生計を立てるようになります。会社を作り、今では、二百人以上の社員を持つ立派な会社になりました。

この女性はこう言っています。「人間というのは絶望するときもあるし、本当にどうしようもないと感じるときもあるけれど、そのときはともかく座り込んで、お茶を一杯飲んで、ちょっと立ち止まってみることです」。

人生に失敗というのはありません。あなたは決して孤独ではありません。太陽の光のように、あなたのそばであなたの力になってくれる人と必ず出会えます。必ず誰かが太陽の光になってくれますから、過ぎたことを考えるのではなく、勇気をもって先に向かい、自分のできることは何だろう、今ここから学んで何をしたら良いのだろうと考えましょう。

小さいことでも実行していくときに、素晴らしい未来が開けていきます。

LESSON 23

この地上での修行を果たすために

私たちは、生まれる前に自分の人生の設計図を書くと言われます。この地上で病気になるとか、自分の子どもを亡くすような大変な修行を経るという課題を果たして、この地上を去っていくのです。

✣ 輝く光の世界へ

いずれ私たちもこの地上を去っていきます。私たちはこの地上を旅している人間です。旅をするというのは、どこかに辿り着くことです。

「死ねば暗黒の世界に入って意識を失い、それで終わり」と思う人もいるかもしれません。そう思っていたければ、そう思っていてもいいと思います。そういう人には、いずれものすごい驚きがあると思うのです。本当に素晴らしい世界に入れていただけるのですから。

「死んだら何もない闇の世界で、この地上の生活が終わったらすべて終わり」と考えていた人は、本当に輝く光の世界で幸せそのものになる、そんな世界に入って、驚くに違いありません。

天国があるとか、至福の世界に行くとかは嘘っぱちだ、そんなことは迷信だと思っている人は、驚きが何十倍にもなりますから、そう思っていてもいいのではないでしょうか。でもそう思っていると、今生きているのが不安になります。こんな苦労をして行き着く先が闇の世界だったら、残念ではありませんか。行き着く先が闇の世界だと思っていたら、今日一日生きるのも疲れ、いろいろな苦しみを乗り越えたとしても、力が抜けていきます。この苦しみはあの素晴らしい世界に行く第一歩である、その道程だと思えば、自然に力が湧いてきます。

旅をしていくには、苦しいところも辛いところも歩いて行かなければなりません。お遍路さんを思い起してください。

お寺を巡るのに、辛い坂道や危険な崖のふちをずっと歩かなければなりません。私たちの生活の中でも、長い道のりを行くには、辛いときや苦しいとき、大変なときがあります。でもそれを乗り越えて一歩一歩と先に進むときに、素晴らしい世界が待っていてくれるのです。

私の友人に則子さんという方がいらっしゃいます。小学校のときからずっと、六十年以上仲良しだった則子さんのお友達が臨終になりました。

そのとき、「あなたは私の親友だから、あなたが天国に行って本当に天国があったら、必ず知らせてね」と頼みました。その親友が亡くなった夜、則子さんは悲しくてなかなか眠れませんでした。やがて泣き疲れてぐっすり眠っていると、肩をポンポンとたたかれて目が覚めました。

そして、目が覚めてハッと気がついたら、自分をたたいていたのは白い光のような、人間の形をした光そのものでした。

則子さんはこの光は何だろうと見つめていましたら、「ねえ、則子さん、やっぱり天国はあったわ」と言って、その光は消えました。その声は自分の空耳ではなく、寝ぼけたのでもなく、自分が頼んだので、親友が天国に行っていちばん先に知らせに来てくれたものでした。あの光に肩をたたかれたときの安らぎというか、胸の中に染みてきた温かい気持ちは、親友が天国に行っても自分をいつも守っていてくれるという約束事なのだということが、則子さんにははっきりわかりました。

亡くなった人は、いつでも何か頼むと思いがけない形でかなえてくれます。これは迷信のようなものですが、身近な人が亡くなると、八日間はこの地上の愛する人、身近な人への思いがとても強いので、何でも聞いてくれると言われます。私たちシスターはお年寄りとも住んでいますから、そのシスターが亡くなったときに何を頼むかというと、捜し物を頼みます。

嘘のような話ですが、お財布を落としたから捜してくださいとお願いすると、必ず出てきます。亡くなった方に何か頼むと必ず恩返しをしてくれます。特にお世話になった方には恩返しをしてくれると言われます。

✣亡くなった人は至福の中に

二十歳くらいの娘を亡くされたお母さんがいました。彼女は夜中にベッドから自分の手が出ると、あたたかい手が布団の中に戻してくれるというのです。一人で寝ているのに、誰がこうして戻してくれるのだろうと思いました。でもまた忘れて寝ていると、手がまた戻される。それがとても温かくて、やわらかい感触です。不思議なことがあるものだ、でもとてもうれしいと思っていました。

孫が生まれました。その孫が三カ月くらいになったとき、家にきました。そして、手を握ったとき、この感触だと思いました。忘れていたけれども、死んだ娘が赤ちゃんのとき、自分に抱きついた手の感触はこういうものだったと思い出しました。そして、自分の手を布団に入れてくれたのは、亡くなった娘だったのだ、天国とここは繋がっていて、いつでも自分に親孝行し続けてくれているんだ、と感じたということです。

こういうできごとが世界中に絶え間なくありますが、それは何を私たちに告げてくれているのでしょうか。

私たちは遠くへ旅をしたり、母国を離れることもあります。たとえば、あなたの兄弟がアメリカで生活をしているとします。でもあなたのことを忘れてしまうわけではありません。どこにいても、心はその人といつも切れずに繋がっています。けれども、天国に行くと物も体も必要なくなります。何があるかというと魂だけです。魂は体に縛られませんから、向こうから私たちに直接波動を送り、心に繋がっていてくれます。でもこちらは体とかいろいろなものに縛られていますから、それを素直に受け入れられなかったり、気がつかなかったりすることがよくあります。

私の母の妹で、子どものいない叔母がおりました。私はその叔母の家から大学に通ってました。ですから私は叔母にたいして、母と同じような気持ちをいつも感じ続けていました。

あるとき、私は上海に行って、上海の大学の先生方が日本語を修得した中国の人たちに、どのような日本文学作品を教えたら良いかという指導をしました。上海で一つのグループの指導が終わって、次は北京に移るというときでした。朝、食堂におりましたら、私の名前が呼び出されました。はっとして、嫌な予感がしました。今ほど中国が開けていないときです。

「呼ばれたのは私ですけれども」と言いますと、メッセージを渡され、叔母が心臓麻痺で昨夜亡くなったということでした。

そのときは、アメリカから来ていた英文学の先生と、もう一人日本の先生と私の三人のグループで行っていました。アメリカから来ていた先生は神父さんで、カウンセラーでもありました。私は日本に帰って叔母の顔を見て葬儀に与《あず》からないと、自分の中で本当に叔母が死んだのだという気持ちの区切りがつかない。叔母のためにも、自分自身のためにも帰りますと言いました。ちょうど四日くらい仕事が空いていましたから、私はその間に日本に帰ろうと思ったのです。ところが、その神父様は帰る必要はないというのです。神父様は、亡くなった方はもう天国に行って「アレルヤ」と言って喜びの中にいるのだから、亡くなった人のために悲しむ必要はなく、帰る必要もない。亡くなった人はこの地上の苦しみ、しがらみから放たれて、まったく自由になって喜びに浸って至福の時間の中を生き始めたから、その人の喜びをともに喜びなさい。葬儀は生きている人のためにあるものだから、叔母様のために帰る必要はありませんと言いました。しかし、私がどうしても帰るというので、次の仕事に間に合うならということで、いったん日本へ帰ることになりました。

✣その人の幸せをともに喜ぶ

そのとき、神父様が三つのことを覚えておきなさいと言いました。

一つ目は、亡くなった人は至福の世界にいるから悲しむことはないということ。むしろ亡くなった人のためには喜びなさい。悲しむ必要は一つもありません。若い人が亡くなると、この世にいたなら、やりたいことがいっぱいあったに違いない、心残りだったろうと私たちは思います。しかし、亡くなった人は、この地上の満足とは比較にならないほど大きな満足の中に入っています。この地上にいたらやりたいことがいっぱいあっただろうにというのは、自分の浅はかな考えです。

あの世に行った人は喜びの大海原の中で、自由にすいすいと泳いでいるのです。喜びに浸っています。その人のためにともに喜びなさい。大切な方を失ったあとで、その人が喜んでくれるから自分も喜んで生きよう、とあなたが決心すべき根拠はそこにあります。

ですから、私の愛する人は幸せな世界にいると信じて、その人の幸せをともに味わう、という喜びをもって自分を幸せにしていくことが、その方への供養になるのです。

二つ目は、「もし」ということを決して言わないということ。「もし私があそこにいたならば」「もしあのときこうしてあげたならば」「もし自分がついていてあげたならば」「もし一日早く病院に連れて行ってあげたならば」「もし……、もし……」と言っても亡くなった人は帰ってはきません。

私たちは癖になっていますから、「もし」と言いたいのです。今日から「もし」を言わないとしたら、代わりに何と言いますか。

「あれと同じことが起こったら、今度はどうしましょうか」「もし似たような状況になったら、あの知恵を生かして今度はどのようにしましょうか」と言ってみてください。「もし」と言っていいのはそれだけだ、と神父様は言いました。

三つ目、これは愛する人を失ったとき、もうこの地上では会えなくて悲しいのですから、涙が涸《か》れるほど泣きなさい。あなたを守ってくれる人の前で泣きなさい。叔母様の顔を見て悲しかったら、世間体を繕ったりする必要はないから、家族や安心できる人がいるところで、おいおい泣きなさいと言ったのです。

私たちは愛する人が天国へ入ったとわかっていても、自分が悲しいことには変わりありません。自分の悲しさ、その人を失った心の傷、それを癒す必要があります。

日本のお通夜はそういう知恵ではないでしょうか。縁のある人たちが集まって、安心できる場で亡くなった人の話をしみじみとします。大切な人をもぎ取られた、引き剝《は》がされたような、血がにじみ出るような心を癒すために、亡くなった人の思い出を共に話し合うのがお通夜です。そのときに、涙を我慢して世間体のためにりりしくあろうとするのではなく、安心して、ふっと気が緩んだときには、おんおんと泣くことがとても大切です。涙は私たちを癒してくれます。

✣自分の設計図を書いてくる

カトリック教会の葬式は明るいと言われます。人はこの世の旅路を終え、この世の苦しみを経て天国に入ります。この地上での使命を果たし、この地上での修行を果たし、自分が経なければならない苦しみを体験していきます。

自分が病気を体験するとか、家族の問題で苦しむとか、子どものことで苦しむとか、あるいは、経済的なことで苦しむとか、すべて自分で選んで、自分で設計図を作ってこの地上に来たのです。

しかし、この地上に生まれたとたんに、その設計図を忘れてしまいます。ですから自分が設計したとおりの苦しみが襲ってくると、あの人が悪いからだとか、あの人がずるいからだとか、いろいろな人のせいにしたりします。人は様々な苦しみを乗り越えることで地上の修行をして、修行が終わったときにこの地上を去りますが、どういうようにこの地上を去るかということも、自分で決めてくると言われています。

私たちはそのことを忘れていますから、単に苦しいことがたくさんあるのがこの地上だ、と思いがちです。

でも一つひとつは自分の役に立つために、自分の魂が磨かれるために、自分で引き寄せると言われます。

ですから苦しみ方は全部違います。苦しみの形も違います。でも自分の魂が浄化され磨かれて、自分の務めが終わったとき、そして、他の人に貢献する務めが終わったとき、私たちはこの途上を去って、永遠の幸せの中に入っていきます。

LESSON

24

自分自身に還《かえ》る

私たちは、誰しもはじめから、幸せになる力を備えています。しかし、それは自分で「決断」し、眠っている力を引き出すことで実現します。自分を過小評価せず、素晴らしい力を持つあなたに還るのです。

✣ まず決断すること

一瞬一瞬幸せに生きていくには、どうすれば良いでしょうか。どうしたら幸せだと自分でわかるでしょうか。

たとえば、急に大金が手に入った人がいるとします。それまではたくさんお金が入ったら、自分はとても幸せになると言っていたのに、お金が実際に入ったら、すごく不安になってしまいました。こんなにお金をもうけてしまって、人に何か言われるのではないか、泥棒が入ったらどうしよう、失ったらどうしようと気が気でなりません。ですから、お金があったとしても、本当に幸せになれるという保証はないのです。

幸せというのはどういう状態だと思いますか?

あなたが幸せだとわかるのは、どこでわかるのでしょうか。

見事な演技をする女優がいました。その方が病気になったので、私はお見舞いに行きました。

亡くなる一カ月前のことです。同じ劇団の友達とか俳優が見えると、シャキッとなって、元気いっぱい、幸せいっぱいの表情をしました。それまでは体中が痛くて苦しんでいましたが、お見舞いに来てくれる皆には豹変して幸せな姿を見せました。その力はどこからくるのですか、どうしてそんなに表情を変えられるのですか、と私は聞きました。

「自分で決断をするのです。お見舞いに見える人がドアをノックした瞬間に、体の痛みも、心の不安も、全部断ち切るのです。『決断』という漢字を思い浮かべます。『決心する』という字と『断つ』という字です。自分の辛くて苦しくて体も痛い、そういう思いを一時的に断つのです。そして自分の頭の中で空想します。自分が元気で舞台の上で女王様の役割をした、あの役割を演じるのだと決断します」と、その女優さんは言いました。

舞台ではその役になりきるということを、その人は今まで女優として練習してきたわけです。女王様になったように幸せいっぱいに振る舞うと、顔の表情も晴れてきます。でも友達が帰ると、自分自身に戻りますから、また痛みを思い出します。にもかかわらず、それを演じたあとは、三十分くらい幸せな気分が続くということでした。

私たちは自分が幸せだということがどこでわかるのでしょうか。あなたが幸せだということはどうしてわかりますか。

頭で考えるのでしょうか。体で感じますか。どこでいちばん感じますか。

それは心ではないでしょうか。では心がどうなっていれば幸せなのでしょう。幸せなときを思い出してみてください。あなたの心はどんな状態ですか。

✣ 眠っている力が出てくるとき

あるとき、高名なお坊さんが坐禅をしていました。インドで聖人と言われるお坊さんでした。

坐禅をしていたときに、何か気配がしました。本当は何が起こっても不動で坐禅を続けるわけですが、体中の本能がこれは危険だと自分に告げていました。薄目を開けたら、両側にギョロギョロと自分を見ている目が見えました。

二匹のトラが今にも飛びかかろうとしていました。

人間というのは、危機的な状況になると、自分を守ろうとする本能が出てきます。

火事場の馬鹿力という、人間業ではないような力が、命にかかわる緊急時には出てきます。このお坊さんは、このトラが今にも自分に襲いかかろうとしている気配に、火事場の馬鹿力が出て、パッとトラを払いのけて走り出しました。我を忘れて、オリンピックの選手より早く風を切って夢中で走りました。

振り返るとお坊さんの後ろを二匹のトラが追いかけてきています。お坊さんは、汗だくになって夢中で走り続けたので、どこを走ったかわかりませんでした。ふと前を見ると、そこは絶壁でした。下を見ると、ぞっとするくらいの千尋《せんじん》の谷でした。

後ろには二匹のトラが近寄ってきていました。飛び降りようと決心して下を見ると、下でも大きな目をランランとさせたトラが自分を見ていたのです。

後ろにも前にも行けず、生きるか死ぬか、もうどうしようもなくて、思い切って飛び降りました。すると、途中で衣が枯れ木に引っかかって止まりました。

ホッと一息ついて横を見たら、小さいネズミがいました。少し離れたところに大きなガマガエルが大きな舌を出して、今にもネズミを飲み込もうとしていました。

木にぶら下がったお坊さんの頭に、ふと浮かんだものがありました。

それは、今日見舞いに行くといっていた病人が、自分を待っているに違いないということでした。あんなに病気で苦しんでいるのに、がっかりさせては申し訳ないと思ったとたんに、木からぴょんと飛び降りました。体中がお見舞いに行くことに焦点を合わせていたので、トラのことはすっかり忘れていました。

人間は二つのことを同時に考えられないと言われます。自分を待っているに違いない病人に焦点が当たったら、まわりにいるトラのことはすっかり忘れてしまいました。崖の下の大地に降り立ったとき、トラのことは忘れて、あの人はきっと自分を待っているに違いないとだけ思って、堂々と歩きました。すると、今にも襲いかかろうとしていたトラが、その威風堂々とした姿にあとずさりしてしまいました。まっすぐ歩いて行ってお見舞いができトラからも救われた、という話が残っています。

密教その他、いろいろな修行の中にも、眠っている力を使いなさいという教えがたくさんあります。

「火渡り」というのは、日本だけでなく、インドや中国などでも行われます。火を焚いて、八百度に燃えている炭を敷き詰めて、その上を素足で歩きます。そんなことをしたら、普通は足の裏が水ぶくれになったり、ただれたりします。しかし、火渡りの行《ぎょう》は歩いても水ぶくれにならず、ただれたりもしません。

どうしてそんなことができるかというと、私たちの中に眠っている力を呼び覚ますことで、可能になるのです。一人では難しいですが、みんなですれば誰でも一人残らずできます。大勢の人たちが一緒になるというのは、すごい力です。

それはどうするかというと、「一点」と言って気を丹田に集め、体で「よしできる」と決めるのです。

もう一つ大事な点は、「ここに赤く見える道は、とても気持ちのいい草原だ」と自分に言い聞かせることです。心でしっかりと「ここを渡れる」と決めて、その火の上をすいすい素足で歩きます。気功で瓦を割るときも、割る前に「よしできる」と自分で決めて、気を集めて割ることができます。

これは何を言っているのでしょうか。私たちは、本当に幸せになれると思ったら、幸せになれるということです。その方法とは決断することです。この項の冒頭でもお話ししたように、「決断」というのは「決める」ことと「断つ」ことです。

では、何を「断つ」のでしょうか。

私たちはときには、自分の惨めさを哀れに思ったり、辛いことと苦しいことに焦点を合わせて、ぶつぶつ文句を言ったりすることがあります。あるいは、自分を責めたりまわりを責めたりしがちです。すると、私たちは心がやもやしてきます。どうせ自分なんて役に立たないダメな人間なのだと思うと、そのとたんに肩が下がってきて、目も頭も下がって、体に力がなくなっていきます。

そんなときこそ必要のない思いは断ち切り、本当にいい思いだけを心に入れる、いい考えだけを頭に入れる、と決心します。心を決めると、体もシャンとなっていきます。

✣ 自分自身に還りなさい

一人の修道僧がヒマラヤ山脈の麓《ふもと》の荒野で修行していました。修行が終わって村を通りかかりました。ある一軒の家でたくさんの鶏を飼っていました。

ふと足を止めてみると、他と違う鶏が一羽餌をついばんでいました。じっと見ているうちに、その修道僧はハッとしました。それは鶏ではなくて鷲でした。その鷲は、まわりの鶏と同じように餌をついばみ、動き回っていました。

修道僧はその村に泊まり、翌朝三時ごろに起き出して、鳥小屋の中からその鷲だけを取り出して懐に入れました。広い野原に行くと、「お前は鶏ではなく鷲なのだ。さあ、ここで大空を飛ぶ練習をしよう」と鷲を放しました。

ところが鷲はパッと放っても飛ばずに、ハタハタと歩いて餌をついばみ始めます。村で鶏がコケコッコーと鳴き始めると、自分もそのような声を出して、元の鶏小屋に戻っていきました。

次に、修道僧は、昼下がりに鷲を捕まえて、広いところで飛ぶ練習をさせました。鷲は持ち上げても羽を広げず、地面に降りてまた餌をついばみ、小屋に戻っていきます。「お前は鶏ではないよ。鷲なのだよ」と言っても、「ココココ」と鳴くだけでした。そういう日が何日か続きました。修道僧は飽きもせず、毎朝広いところで飛ぶ練習をさせたのですが、ついに成功しませんでした。

修道僧は、もう一度だけ、その鷲を懐に入れて、高いヒマラヤに向かって歩き出しました。夜の寒さにも耐えて山を登り続けました。何時間もかかって、ヒマラヤの一つの高い頂に着きました。修道僧はこの鳥が飛べるようにと祈りながら、陽《ひ》が昇るのを待っていました。山裾のほうから太陽が昇ってくると、それを鷲に見せながら、「鷲よ、お前は鶏ではなくて鷲なんだよ。鷲であるお前は鷲に戻りなさい。鷲であるお前は鷲になるのがいちばんふさわしい」と言い続けました。

太陽が高く昇ったとき、修道僧は鷲を膝の上にのせ、翼を広げて背中をぽんと押しました。「さあ、行きなさい。本物に還りなさい。自分自身の本物に還りさない」と言って押し出しました。鷲はしばらくバタバタしていましたが、そのうちに大きな翼を広げ、一直線に点に向かって飛んでいきました。

鷲は高い大空で、その修道僧の上を大きく回ると、ヒマラヤの果てに消えていきました。だんだん小さくなっていく鷲を見つめながら、修道僧は「この鷲は本当に自分自身に還った」という喜びに満たされていきました。

私たちも自分が不幸だと思い込んでいるうちは、自分を鶏だと思い込んでいる鷲のようなものです。

私たちの根底には、一人ひとりを超える大きな素晴らしいものがあります。本当に尊いもの、仏教で言えば仏性というようなものが、私たちには与えられています。それが人間の尊厳というものです。そういう素晴らしさにふさわしく生きることこそ、私たち一人ひとりの使命であるわけです。

一人ひとりの中に幸福になる力ははじめから備わっているのですから。

LESSON 25

自分の力を使って幸せになる

私たちは三つの素晴らしい道具を持っています。目と耳と体です。目と耳と体の三つに焦点を合わせることで、心の荒波を上手に乗り越え、幸せになることができます。

✣自分の中にある力を使う

一人ひとりの中に幸福になる力は備わっています。この力がない人は誰もいません。いつも幸せでないということは、私たちの時間の過ごし方がどこか狂っているからかもしれません。ではどうしたらいいでしょうか。

ジェラルド・コーフィーというアメリカで有名になった人がいます。この人はベトナム戦争のときに戦闘機に乗って、ベトナムで撃墜され、「ハノイ・ヒルトン」（ホアロー収容所）というところに一年くらい収容されていました。ベトナム戦争が終わるとアメリカに帰り、事業に成功して、自分の体験記を書きました。

その本の中で、彼は「自分の長い人生を振り返ったときに、今は恵まれて必要な条件は満たされている。しかし、最も幸せだったのは、あの捕虜になっていたときだった。あの小さい檻《おり》の中に入れられて、身動きもできないような、最も不自由な生活をしていたあの一年だった」と書いています。

この人は幽閉された檻の中で、何をして過ごしていたかというと、じっと坐って瞑想していました。

「自分とは何者なのか」「自分はどうしたら幸せになれるのか」ということを瞑想し、祈り続け、そこで静かな時間を過ごしました。普通の日常生活を送っていたら、しなければならないことが山のようにあり、それに追われて、深く考えることはできません。その時間が与えられたために、じっと考えて、それが自分に深い深い力を与えてくれた。「自分の中にある力を使う」ということを教えてくれたと書いています。

嵐は来ても、すぐ去っていきます。いちばん長い梅雨も、一カ月か二カ月経《た》てば過ぎて、また良い天気になります。私たちはそのことを思い出し、自分にとって苦痛でなく、苦しみでなく、本当の心地良さをもたらしてくれるものは何かを考えます。快感をもたらしてくれるものを選び取る必要があります。あなたに快感をもたらしてくれるものとは何でしょうか。これが最も大事なことなのです。

その上で、どういう自分になりたいのかを決めます。何が起こってほしいかではなくて、素晴らしいことが起こったら、どういう自分になれるのかを考えます。あなたがなりたい自分を創造してください。

幸せとは何かが起こることではなく、心で感じることです。外で起こる良いことは単に心地良さを与えてくれるだけです。

そのためには、自分にとって何が心地良いのか、快感なのか、何が苦痛なのか、よく知っておく必要があります。しかも、この快感が何なのか、長い目で見て考える必要があります。自分の人生はどうあってほしいのか、どういう自分になりたいのかを考えることが大事なのです。

ヒットラーは人をコントロールすることが快感だったわけです。ですからそれに向かっていきました。マザー・テレサは何がいちばん苦痛だったのでしょうか。

マザー・テレサは、人間が道端に物みたいに捨てられて、孤独のうちに死んでいくのを見るのがいちばん苦痛でした。

うじや蠅《はえ》にたかられて息を引き取っていく人たちが、たくさんの人たちの手によって助けられ、きれいに体を洗われて、大切な人間として手厚い看護をうけ、最後は安らかに息を引き取っていく。マザー・テレサにとっては、そういう人たちの表情を見るのがいちばんの快感で、とても心地良く幸せなことでした。いろいろな苦しみがあっても、その先にある快感に常に結びついていましたから、難しくて嫌々することではなくて、朝起きたらやらずにいられない仕事でした。

私たちも自分にとって何が快感になるのか、よく考えてみる必要があります。

十六世紀の聖人イグナチウス・ロヨラも「起こってくることはすべて中立である」と言っています。すべて自分に縁があって、必要があって起こってくる。それをどのように生かすかということが人間の仕事だ、ということを言っています。

自分の中にある神聖な本性、鷲は鷲になり、人間は人間になる、それにふさわしい行いをすることが喜びをもたらします。

たとえば、オリンピックに出るマラソン選手は、過酷な練習をして毎日毎日走り続けます。わざわざ酸素の少ない高原で、息をゼーゼー吐きながら走り続ける。あんなことは普段できないと思いますが、なぜあれが続けられるか。オリンピックの栄光という大きな快感に向かっていくとき、それが自分にとって大きな喜びだからです。それが自分にとって、心地良いから、それを目指すわけです。私たちも同じように、目先の気晴らしをさせてくれるものではなく、長い目で見て自分がなりたい人間に向かっていく必要があります。

人間というのは根底では一つです。自分が他の人に何か貢献できて、そういう自分自身がうれしくて、そして自分のいい人と思える、そういうときに私たちはとても幸せ感があります。そういうことがなるべく多くできる人間になりたいのではないでしょうか。

✣目と耳と体を使う

私たちが腕の良い船乗りになって、心の荒波を上手に越えていくには、どんなことを心がけたら良いでしょうか。

私たちは三つの素晴らしい道具を持っています。目と耳と体です。自分が不幸だと思いたくなるときや、気がむしゃくしゃするとき、自分をダメだと思うときには、目と耳と体の三つに焦点を合わせることで、幸せになることができます。

目は良いことにしっかりと焦点を合わせていきます。

嫌なものではなく、良いものを見つけ続け、自分がなりたい人間に焦点を合わせ続けます。本当に私たちができることは、そんな大きなことではありませんが、焦点を何に合わせるか、この目で何を見つめ続けるかによって、一日がまったく変わっていきます。

大事なのは、自分が幸せになるということに焦点を合わせることです。

次に耳で聞く自分の言葉に気をつけてください。

聞くというと、私たちは人の言うことを聞く、外の音を聞くと思いますが、いちばん身近な音は、自分の口から出る音です。私たちは自分の声にいつも耳をそばだてています。自分の耳で、今なんと言っているだろうかと聞きます。

力のある言葉を使っているだろうか、本当にポジティブで肯定的でプラスの言葉を使っているだろうか、と耳を傾けます。あなたが幸せになるために力を与える、気のある言葉を使ってください。

最後に、体にしっかりと気を入れてください。

そうすることで心の中に雨が降っていても、体は堂々としていきます。

お臍《へそ》の下に体の中心があります。これを臍下丹田《さいかたんでん》と言います。そこに力を入れて「一点」と言います。腕に気を通すと、誰かが力を加えても曲がらなくなります。私たちの中にある力が、「気を通す」ことによって発揮されるのです。

「臍下丹田に気を集めて力溢れ出る」と言いますが、長いので「一点」と言います。もし心がもやもやしてきたら、「一点」と言って体を整え、まるで王様のように歩いてみます。たとえ心がくもっていても、あたかも元気のある人のように、幸せいっぱいな人のように歩いてみます。

この三つをすることで、自然にあなたの心の中の世界は変わっていきます。三つしなくても、一つでも実行すれば効果があります。

あなたの中に気が満ちて、静かで、心も穏やかで、そして上手に自分の人生という舟を操っていくことができるようになります。

私たちは自分の都合の良い悪いではなく、それを超える素晴らしいもので満ちているこの大宇宙を誉《ほ》めたたえるときに、本当に幸せになっていきます。そして、あなたが幸せならば、気は回っていきますから、まわりの人も知らないうちにどんどん幸せになっていくのです。

［おわりに］
あなたが「幸せ発信地」に

アメリカの友人が日本に来たとき、こういうことを話していました。

「日本語には素晴らしい言葉がある。その言葉に出会い、その言葉を実践している日本の人たちと友情を深め、日本を旅して良かった」

その言葉は「お互いさま」というものでした。

この本が出来上がったのも「お互いさま」の力によります。この本は「ＮＰＯコミュニオン」の主催で、虎ノ門パストラルを会場として続いてきた講演をもとにまとめたものです。講演をするということは、聴衆の皆さまからのエネルギーをいただき、導かれるように話すものだということを、私は体験し続けました。ここにまとめた私の話は、毎回三百人前後の方たちのあたたかい波動を受けて溢れ出た思いです。

「お互いさま」、話す方と聴く方がお互いに助け合った実りとして結集したのがこの本です。まさに「お互いさま」の象徴です。

どうぞたくさんの人たちのエネルギーが込められているこの本を、気楽に読んでください。きっとご自分が幸せになる、手ごたえのある秘訣を発見なさるでしょう。

この本を通し、気付きを深めていただければあなたは、意識しているよりはるかに大きなかけがえのない存在であるご自分の輝きをまわりに放つ「幸せ発信地」になることでございましょう。

読者のお一人おひとりが、ますます幸せになることをお祈りしています。

鈴木秀子

本書は、海竜社より刊行された『奇蹟は自分で起こす』を、文庫収録にあたり、加筆、改筆したものです。

鈴木秀子（すずき・ひでこ）
東京大学大学院人文科学研究科博士課程修了。フランス、イタリアに留学。ハワイ大学、スタンフォード大学で教鞭をとる。聖心女子大学教授を経て、国際コミュニオン学会名誉会長。聖心女子大学キリスト教文化研究所研究員・聖心会会員。文学博士。1980年代後半に日本にはじめてエニアグラムを紹介し、以後日本におけるエニアグラムの第一人者として、高い評価を得ている。全国および海外からの頻繁な招聘、要望に応えて、「人生の意味」を聴衆と共に考える講演会、ワークショップで、さまざまな指導に当たっている。
著書に、『9つの性格　エニアグラムで見つかる「本当」の自分と最良の人間関係』（PHP研究所）『あなたは、あなたのままでいてください』（アスコム）他多数。著作のファンも多く、著書累計は100万部を超える。

知的生きかた文庫

奇蹟《きせき》は自分《じぶん》で起《お》こす

著　者　鈴木《すずき》秀子《ひでこ》
発行者　押鐘太陽
発行所　株式会社三笠書房
〒一〇二-〇〇七二　東京都千代田区飯田橋三-三-一
電話〇三-五二二六-五七三四〈営業部〉
　　〇三-五二二六-五七三一〈編集部〉
https://www.mikasashobo.co.jp
印刷　誠宏印刷
製本　若林製本工場

ISBN978-4-8379-8771-0 C0130

知的生きかた文庫
わたしの時間シリーズ

全米人気№1心理学者
J・グレイ博士のベストセラー

ジョン・グレイ博士の「愛される女《わたし》」になれる本

秋元 康【訳】

全世界二〇〇〇万読者が〝YES〟とうなずいた恋愛・結婚のベストセラー・バイブル。〝男の心理・女の心理〟に精通したグレイ博士ならではのアドバイス満載！「大切にされたい女」と「感謝されたい男」がうまくやっていく秘訣を教えます！

ベスト・パートナーになるために

大島 渚【訳】

「男は火星から、女は金星からやってきた」のフレーズで世界的ベストセラーになったグレイ博士の代表作。「〝二人のもっといい関係づくり〟の秘訣を何もかも教えてくれる究極の本です。」推薦・中山庸子

ベストフレンド ベストカップル

大島 渚【訳】

この本を読んでくれる人たちよ、ぜひ、あなたの一番大切な人と一緒に読んでください！　時々読み返し、アンダーライン等して二人で語り合えば、あなた方はすばらしい愛の知恵を身につけられることうけあいです。（大島 渚）

C30078